LES MÉTIERS DE LA COMPTABILITÉ ET DE L'AUDIT

NOUVELLE
TION

Directeur éditorial : Stéphane Chabenat
Éditrice : Charlotte Sperber
Conception graphique et mise en page : Nord Compo
Conception graphique de la couverture : Soft Office

l'Etudiant
ÉDITIONS

sont éditées par les Éditions de l'**Opportun**
16, rue Dupetit-Thouars
75003 Paris
www.editionsopportun.com

CLÉMENT NOWAK

LES MÉTIERS DE LA COMPTABILITÉ ET DE L'AUDIT

AVEC LA COLLABORATION
DE THIBAULT DUMAS

NOUVELLE ÉDITION

Sommaire

Introduction

■

Sous la réécriture de Clément NOWAK, expert-comptable mémorialiste et directeur chez In Extenso Centre-Est, la nouvelle édition de cet ouvrage dédié aux métiers de la comptabilité et de l'audit fait la part belle à l'expérience.

À la suite de la disparition des séries générales du baccalauréat, de la mutation des DUT en BUT, des réformes du DCG/DSCG et celle annoncée du diplôme d'expertise comptable (DEC), l'ouvrage fait le point complet sur les parcours et filières d'études comptables.

Du BTS au diplôme d'expertise comptable en passant par les classes préparatoires, les BUT, et IAE, tout au long de cette nouvelle édition vous découvrirez les témoignages de ces anciens étudiants en comptabilité et gestion, devenus comptables, auditeurs financiers, experts-comptables, commissaires aux comptes, mais aussi cadres et dirigeants d'entreprises.

Grâce à la participation des professionnels du secteur, des responsables d'études de la filière et d'acteurs des institutions professionnelles, cette nouvelle édition met en avant toutes les opportunités que permettent les études dans la filière comptable.

Vous découvrirez (ou redécouvrirez) la formidable richesse des métiers de la comptabilité et de l'audit, en passant du cabinet comptable à l'entreprise, du secteur public à l'expatriation, sans oublier l'enseignement et l'entrepreneuriat.

En partant des différentes réformes qu'ont connues les métiers de la comptabilité et de l'audit au cours des dernières années, cette nouvelle édition explore les profondes évolutions attendues dans les cinq prochaines années.

PARTIE 1

LE MÉTIER DE COMPTABLE ET SES IDÉES REÇUES

1 – Comptable = austère ?

Il porte un vieux pull et de petites lunettes rondes. Assis toute la journée derrière un écran d'ordinateur, il est entouré de piles de factures qu'il a lui-même bien classées après les avoir reçues de son client dans une boîte à chaussures et tape sur une calculatrice à rouleau grise.

Voilà pour le cliché. C'est peut-être le métier le moins aimé du monde, cependant l'image du comptable austère et ennuyeux est quasiment aussi ancienne que la profession elle-même.

■ Le plus vieux métier du monde

La prostitution est trivialement qualifiée de « plus vieux métier du monde ». Pourtant, il se pourrait bien que ce soit la comptabilité, car les hommes (et plus particulièrement leurs gouvernants) ont toujours voulu garder une trace de leurs actions. Une manière pour eux d'écrire l'histoire, ou de prélever l'impôt.

Un peu d'histoire

Les historiens avancent que l'apparition de la comptabilité date de l'Antiquité, avec le développement de l'artisanat et du commerce[1]. On en retrouve trace à Babylone, Athènes, Alexandrie ou Rome – où elle était la plus élaborée avec des livres de comptes. Le premier ouvrage théorique est signé de l'Italien Luca Pacioli, à la fin du XVe siècle. Il y explique la comptabilité en partie double ou « méthode vénitienne », avec d'un côté ce que l'on dépense (le débit) et de l'autre ce que l'on gagne (le crédit).

Une technique qui sera ensuite systématisée. Au fil des fortes évolutions du commerce et de l'industrie, à partir du XIXe siècle, la comptabilité va s'adapter à de nouveaux besoins. « Un comptable compétent doit annoncer la veille ce que les économistes prévoient le jour même pour le lendemain », disait après-guerre Miles Thomas, industriel britannique qui fut un temps à la tête de la compagnie aérienne British Airways. De fait, le comptable a toujours été au cœur du système économique, quel qu'il soit.

La transformation numérique du métier

Les transformations les plus importantes sont récentes. La comptabilité manuscrite, gribouillée sur un bout de papier, a été presque intégralement remplacée par la comptabilité informatique en l'espace de cinquante ans. Parallèlement, les normes comptables ont été homogénéisées au niveau européen et mondial. Les deux

1. J.G. DEGOS, *Histoire de la comptabilité*, coll. Que sais-je ?, PUF, 1998.

premières normes internationales – sur la « publication des méthodes comptables » et la « valorisation et présentation des stocks selon la méthode du coût historique » – ont été publiées en 1973. Elles sont désormais toutes regroupées au sein des fameuses IFRS ou *International Financial Reporting Standards*, utilisées par les grandes entreprises, avec quelques spécificités locales, dans 140 pays à travers le monde.

Une révolution qui touche tous les métiers du secteur, du simple comptable donc, jusqu'au directeur financier, en passant par l'expert-comptable ou le CAC (commissaire aux comptes).

> *« Je me souviens dans les années 1990, quand on contrôlait des comptes, nous avions nos listes sur papier et nous vérifiions, opération par opération avec un stylo, que ce qu'il y avait dans la colonne de droite, le débit, collait à ce qu'il y avait dans la colonne de gauche, le crédit », raconte Makram Chemangui, actuellement directeur général adjoint de l'école de commerce Audencia et auparavant expert-comptable.*

Désormais, les métiers de la comptabilité sont au cœur des flux de mégadonnées et font appel à l'intelligence artificielle. Les tâches de saisie disparaissent et les intégrations de données se généralisent. La tenue et l'analyse des comptes des plus grandes sociétés passent par des traitements de bases de données de plus en plus denses. Au quotidien, pour le conseil de leurs clients même plus petits, les cabinets d'aujourd'hui réunis en réseau sont amenés à collaborer plus étroitement pour créer et exploiter du *big data* afin de développer des formes de prédiction de chiffres d'affaires, de hausse des prix d'achat, etc.

■ Un savoir-faire très recherché

Concrètement, quelle est la fonction du comptable ? À l'origine, il enregistre puis contrôle une opération financière. C'est ce que l'on appelle « faire de la saisie ». Mais aujourd'hui son rôle va bien au-delà.

• ***De la saisie à l'analyse : l'expert-conseil***

Depuis les années 1980, les systèmes d'information et de communication se sont tellement perfectionnés que ces tâches rébarbatives de saisie sont presque complètement dématérialisées et automatisées. Désormais, on attend d'un expert-comptable non seulement qu'il organise la comptabilité de son client, mais aussi et surtout qu'il puisse à la fois expliquer où une entreprise perd de l'argent et de quelle manière elle peut en gagner, et où elle se situe sur son secteur. On nomme cela le **conseil**.

Ce qui est important c'est l'évaluation et l'interprétation des données comptables. L'information comptable circule auprès de beaucoup de tiers (fournisseurs, financeurs, actionnaires...) et se doit d'être fiable. Les profils recherchés sont donc ceux qui sont capables d'interpréter et d'analyser plutôt que de saisir et de comptabiliser. Ainsi, dans les grandes entreprises les services comptables ont rejoint les bureaux de direction.

• ***Un métier sans chômage...***

L'OEC (Ordre des experts-comptables) français a un peu plus de 70 ans. On évalue le taux de chômage dans le secteur entre 1 et 8 %, suivant le niveau d'études. Les derniers chiffres fournis par l'Ordre indiquent qu'il y a 21 000 experts-comptables en France (dont 15 000 hommes et 6 000 femmes) à la tête de cabinets dans lesquels travaillent 130 000 salariés en tout. Si l'on y ajoute les comptables et assistants-comptables travaillant en entreprise, administration, association, etc., on en répertorie plus de 750 000 en France, selon l'Apec (Association pour l'emploi des cadres). Les salaires y sont « raisonnables », voire attractifs, le SMIC a par exemple quasiment disparu des offres d'emploi.

Il s'agit d'un secteur dynamique et en plein renouvellement : un professionnel sur six part à la retraite chaque année, depuis dix ans. Les cabinets d'expertise comptable vieillissants recherchent activement de jeunes diplômés afin d'assurer la reprise et la transition de la clientèle et des équipes comptables. Par ailleurs, certains aspects exigeants du métier, accompagnés d'une importante évolution de la pratique professionnelle ont pu contribuer à un *turnover* aujourd'hui source de tension sur le recrutement.

La demande de main-d'œuvre est donc forte, à tous les échelons. On trouve encore un emploi aujourd'hui avec un BTS (brevet de technicien supérieur) comptabilité et gestion (niveau bac+2), comme assistant-comptable dans une petite PME de transport de marchandises par exemple. À ce niveau d'études, le chômage est proche de 8 % : le DCG (diplôme de comptabilité et de gestion, niveau bac+3) tend à devenir la norme pour entrer tôt et sans difficulté sur le marché du travail.

Au niveau du DSCG (diplôme supérieur de comptabilité et de gestion, niveau bac+5), les étudiants trouvent la plupart du temps un emploi avant même d'avoir fini leurs études. Christiane Föll, coresponsable du cursus CCA (comptabilité-contrôle-audit) à l'université Paris 1 Panthéon-Sorbonne, l'observe chaque année :

> *« Les étudiants en master signent leur CDI avant même d'être diplômés, en mars ou en avril, alors qu'ils terminent leurs études en juillet. La majorité rejoint les cabinets anglo-saxons ou des structures de taille plus modeste, en audit ou expertise comptable. »*

En province, les cabinets de taille régionale, indépendants ou membres de réseaux nationaux ou internationaux assurent également une offre d'emplois importante sur leur territoire.

- ***... et (presque) sans délocalisation***

Cerise sur le gâteau, le métier est difficilement délocalisable.

« [Ce n'est] plus un fantasme, mais pas encore une réalité et encore moins une menace » anticipait il y a près de quinze ans déjà l'OEC dans un livre blanc[2].

Ce que confirme aujourd'hui Johnny Schwertzig, directeur Nouveaux Marchés chez Skill and You et auparavant directeur pédagogique de l'EFC (École française de comptabilité) jusqu'en 2021, à Lyon : « Vous avez des experts-comptables qui délocalisent en Roumanie pour faire leurs petits travaux comptables sur des tâches précises et répétitives. Cela reste marginal car vous ne pouvez confier à l'étranger que des tâches circonscrites. Il est difficile de délocaliser tout ce qui touche aux relations avec le client, car cela nécessite une présence au quotidien et une connaissance précise des règles fiscales et sociales que doit respecter une entreprise française. Les premiers retours que l'on a, sont souvent négatifs. »

Demain, avec la généralisation de la facture électronique (factur-X) à horizon 2025, et de sa généralisation, ces traitements basiques et répétitifs sont voués à être automatisés par l'intégration des flux numériques. L'internationalisation de la clientèle est en revanche positive.

---

2. Pour en savoir plus lisez *Regards croisés sur la délocalisation des activités comptables*, OEC, 2007 [à retrouver en ligne].

Ghostbusters

Alors, austère et ringard le comptable ? C'est un lieu commun, largement entretenu par le cinéma, du personnage de François Pignon (Jacques Villeret) dans *Le Dîner de cons* à celui de Louis Tully (Rick Moranis) dans *Ghostbusters*. Des seconds couteaux au départ qui se révèlent de fines lames à l'arrivée comme le démontre la lecture du « Top 10 des comptables dont on se souvient dans les films » établi par le prestigieux magazine états-unien *Time*.

Pour Lætitia Monnier-Senicourt, ancienne du grand cabinet international EY (Ernst & Young) et désormais professeure d'université à l'IAE de Nantes :

> *« Il est effectivement cliché de dire qu'il s'agit de vérifier des chiffres toute la journée et qu'en ce sens ce sont des métiers pas drôles et secondaires. L'audit et l'expertise comptable, par exemple, sont typiquement les professions du changement perpétuel et de la diversité des tâches. Toutes les semaines, vous allez changer d'entreprise, vous allez changer de client, vous allez passer de l'agroalimentaire une semaine, aux télécommunications la suivante, à l'automobile celle d'après. »*

La taille et la nature de l'entreprise varient aussi nettement. Il peut s'agir d'une TPE artisanale de moins de cinq salariés, d'une filiale d'une société multinationale, d'une administration publique ou même d'une association.

2 – Quelles sont les différences entre comptabilité, expertise comptable et audit ?

La différence semble infime entre saisie, conseil et audit des comptes. Elle est pourtant fondamentale pour l'exercice de cette profession. La comptabilité est définie comme « tenir des comptes ». L'expertise comptable est définie comme « organiser, vérifier, apprécier et redresser les comptabilités et les comptes de toute nature ». L'audit est délimité comme « s'assurer du caractère complet, sincère et régulier des comptes d'une entreprise ».

■ La comptabilité

La comptabilité est le nom de la discipline, au sens large qui permet de répertorier l'exhaustivité des flux économiques d'une entité (les dépenses et les recettes d'un particulier, d'une entreprise publique ou privée, d'une association, etc.) afin d'en restituer une situation à un instant donné (un bilan comptable, un compte de résultat). La comptabilité est donc un vecteur d'information, c'est l'information comptable ou financière.

• ***Tout le monde a besoin d'un comptable***

Là où il y a l'Homme, il y a de la comptabilité. Annick Morisseau, comptable et formatrice, illustre cela avec un bel exemple :

> *« Un comptable m'a dit un jour "je m'ennuie". Je lui ai conseillé d'aller voir un film au cinéma et de bien regarder le générique de fin. Il y a toujours un comptable ou un expert-comptable qui est mentionné ! Ses yeux se sont illuminés, pour lui ça a été comme une révélation. En fait, les comptables sont partout, il suffit de choisir le domaine qui nous plaît. »*

Ce professionnel est indispensable à la tenue et à la compréhension des comptes, mais aussi à l'amélioration des procédures et de l'organisation interne. Son action servira aussi bien l'artisan qui souhaite surveiller la rentabilité de son activité et arbitrer une nouvelle embauche, qu'une association culturelle qui organise un festival de musique chaque année et qui souhaite mobiliser ses ressources pour créer des actions culturelles tout au long de l'année ou encore le chef d'entreprise qui souhaite transmettre sa société à un repreneur.

• ***Les cinq commandements***

Clarté, fiabilité, sincérité, régularité et comparabilité sont les cinq grands principes de la comptabilité.

D'après Auguste Detœuf[3], « il y a trois sortes d'êtres au langage mystérieux : les plus aisés à comprendre sont les fous, puis viennent les polytechniciens et enfin les comptables ».

En effet, malgré un aspect réglementaire et légal fort, la comptabilité reste un outil du quotidien et un vecteur d'information important qui doit faire preuve de clarté. Elle doit donc être compréhensible de tous les acteurs économiques, y compris les moins comptables d'entre eux (qui sont souvent ses premiers utilisateurs).

En réalité, la comptabilité se doit d'être fiable, c'est-à-dire que son utilisateur pourra avoir confiance dans l'information financière qui en est issue. Elle est donc précise et exhaustive afin d'éviter toute erreur (le stéréotype du comptable qui passe plus d'une heure sur une série de lignes d'écritures afin de retrouver une erreur d'inversion de chiffres reste en cela encore un peu vivace).

---

3. A. DETŒUF, *Propos de O.L. Barenton, confiseur*, les Éditions d'Organisation, 1986.

Les opérations transcrites en comptabilité doivent être sincères et régulières, c'est-à-dire qu'elles sont réelles, qu'elles sont enregistrées à leur juste montant et à la bonne date de réalisation (c'est la sincérité des opérations) et qu'elles respectent également les lois et les règles en vigueur (c'est la régularité).

La comptabilité doit également permettre la comparabilité de l'information financière, c'est-à-dire que son lecteur doit pouvoir établir une comparaison dans le temps (d'une année sur l'autre) ou entre les activités (d'une société à l'autre, d'un magasin à l'autre).

C'est donc bien là tout l'art du professionnel de la comptabilité que de réussir à allier toutes ces contraintes de production tout en rendant sa comptabilité intelligible sans qu'elle devienne une charge (financière ou de temps) et trop lourde à produire.

- ***Comptabilité générale et analytique***

On distingue deux grands types de comptabilité. Tout d'abord, la **comptabilité générale** qui est une obligation légale pour toutes les entreprises industrielles et commerciales. Il s'agit de faire l'inventaire de l'ensemble de ce que génère et possède l'entreprise ; avec d'un côté les dépenses (le débit), et de l'autre les recettes (le crédit), comme mentionné précédemment. Concrètement, la société doit publier chaque année son bilan et son compte de résultat. Cette publication annuelle est notamment destinée aux acteurs extérieurs (banques, fournisseurs, clients...), mais aussi à l'administration. Pour chaque période annuelle, on parle d'un exercice comptable. Un exercice comptable commence la plupart du temps le 01 janvier de chaque année et clôture le 31 décembre suivant. Toutefois, suivant son activité, chaque entité est libre de choisir une autre date de début d'exercice. Par exemple, les entreprises de production viticole auront tendance à ouvrir leur exercice le 01 octobre et le clôturer le 30 septembre suivant (afin de couvrir l'intégralité du cycle de la vigne).

Par principe, chaque exercice couvre douze mois glissants. Par exception, un exercice pourra couvrir plus ou moins que douze mois lorsqu'il s'agit du premier ou dernier exercice de l'entité, ou encore par transition lorsque l'entité choisit de changer de date de clôture.

La **comptabilité analytique** n'a pour sa part rien d'obligatoire sur le plan légal. Il s'agit, comme son nom l'indique, d'un outil d'analyse interne qui permet, au sein de la comptabilité générale, d'avoir une approche de la rentabilité au cas par cas, à l'échelle d'un produit, d'une boutique, d'un atelier, d'une usine, etc. Son but est d'identifier ce qui est performant et ce qui l'est moins au sein d'une société. Pour cela, elle se base sur les processus de fabrication et l'analyse globale de l'organisation interne de l'entité. C'est typiquement l'outil que pourra utiliser un contrôleur de gestion pour déterminer les coûts de revient d'une production, le coût de la mise sur le marché ou encore le seuil de rentabilité d'une gamme de produits.

Les termes anglophones sont d'ailleurs bien plus explicites, avec d'un côté « *financial accounting* » (comptabilité financière) pour la comptabilité générale, et de l'autre « *management accounting* » (comptabilité de gestion) pour la comptabilité analytique.

Par ailleurs, si la comptabilité analytique a été théorisée de nombreuses fois dans divers ouvrages de référence, elle n'est pas légalement normée et n'a pas de définition légale comme l'est la comptabilité générale.

- ***Les normes comptables***

En France, la comptabilité générale est normalisée, c'est-à-dire qu'elle suit des règles de production et de présentation définies par des textes de loi. Ces règles sont principalement des normes comptables françaises, mais seulement... La plupart des sociétés en France utilisent des normes françaises, d'application obligatoire et précisées par le Code de commerce. Ces normes sont débattues et fixées par l'ANC (Autorité des normes comptables), autorité créée en 2010 à la suite de la fusion des deux principaux normalisateurs de l'époque. L'ensemble des normes adoptées par l'ANC est regroupé et connu sous le nom de PCG (Plan comptable général). Ce dernier a été établi pour la première fois en 1947 et réécrit plusieurs fois depuis. La dernière version du PCG, actuellement en vigueur, date de 2014.

Toutefois, depuis dix-sept ans désormais, certaines sociétés ont dû également adopter des normes internationales : les IFRS (*International Financial Reporting Standards*). Ces dernières sont élaborées par l'IASB (*International Accounting Standards Board*), qui est un organisme international basé à Londres. Les IFRS, telles qu'adoptées par l'Union européenne en 2002, sont donc appliquées depuis 2005 en France pour les comptes consolidés des sociétés cotées en Bourse. Elles sont également d'application facultative pour les comptes consolidés des sociétés non cotées (il s'agit alors d'une option pour chaque société, option définitive toutefois).

Les normes IFRS ont été adoptées par 122 pays dans le monde. Parmi eux, 101 pays exigent les IFRS pour la présentation des comptes des sociétés cotées. Pour les pays qui n'exigent pas les IFRS, seulement 7 pays utilisent des normes régionales ou nationales tout en reconnaissant les IFRS pour les sociétés cotées étrangères, publiant leurs comptes sur leur territoire (États-Unis, et Chine notamment). Par ailleurs, on remarque des convergences de plus en plus fortes des normes nationales de ces pays vers les normes IFRS.

La normalisation comptable est donc aussi une affaire internationale. La maîtrise de l'anglais peut alors ouvrir des portes, particulièrement dans les entreprises qui travaillent à l'étranger, et peut ainsi permettre des carrières très intéressantes dans des fonctions haut placées (notamment pour ceux qui auraient développé des compétences en consolidation, fiscalité internationale, finance d'entreprise, etc.).

- ***Le rôle du comptable***

Le comptable est le premier intervenant sur la comptabilité, la « petite main » qui enregistre et vérifie au quotidien les dépenses, les recettes et les investissements d'une entreprise.

Suivant la taille de l'entreprise, le rôle du comptable n'est pas le même. Dans une PME ou TPE (très petite entreprise), il sera multitâche, tandis qu'au sein d'une grande société il sera spécialisé dans un domaine et placé sous la responsabilité d'un directeur comptable. Il peut aussi travailler dans un cabinet d'expertise comptable où il gérera la comptabilité d'un portefeuille, un ensemble de plusieurs dossiers (artisans, commerçants, agriculteurs, etc.) dont la taille et la complexité varieront en fonction de son expérience.

Le comptable en entreprise est un peu le « trésorier » de celle-ci : ce n'est pas lui qui possède l'argent, il ne prend pas de décisions quant à celle-ci, mais porte un œil attentif sur tous les flux. Il est un pilier du contrôle interne et reste le premier rempart contre la fraude au sein de l'entreprise. En « comptabilité fournisseurs », il rapproche factures d'achat et bons de commande, se base sur les réceptions des livraisons reçues pour préparer les « bons à payer » aux responsables des achats et effectuer les paiements aux fournisseurs. En « comptabilité client », il reconnaît le chiffre d'affaires de l'entreprise, émet les factures de ventes et effectue les contrôles entre facturation émise et chiffre d'affaires comptabilisé. En s'assurant du bon recouvrement des factures émises, il reste le premier acteur de la bonne santé financière de l'entreprise en assurant les flux d'entrée de trésorerie – le *cash*, comme on dit dans le jargon.

Le comptable en entreprise, mais aussi en cabinet, peut également avoir des missions d'analyse. Pour cela il utilisera la comptabilité analytique et se penchera sur des problématiques de chiffre d'affaires par article, de coûts de revient, etc.

En suivant le cas d'Annick Morisseau, comptable dans un syndicat de copropriété (spécialisé dans la gestion des immeubles), on comprend mieux l'environnement dans lequel le comptable évolue :

> *« Je travaille en équipe avec le gestionnaire de copropriété, en relation directe avec les copropriétaires. Il existe un certain nombre de frais pour un syndic : des charges fixes comme le paiement d'un gardien d'immeuble, des factures pour la pose d'une nouvelle grille d'entrée, etc. On doit ainsi présenter un bilan annuel de l'activité, qui sera remis à l'assemblée générale des copropriétaires. Nous vérifions donc les comptes en amont, au quotidien. »*

Un comptable a l'interdiction de s'installer en libéral/indépendant, c'est-à-dire de travailler à son compte. Pour cela, il faut être expert-comptable.

■ L'expertise comptable

L'expert-comptable (et non « l'expert en comptabilité » comme aura pu l'être Jean-Pierre Marielle aux côtés de Claude Brasseur) est le seul professionnel habilité à tenir, surveiller et arrêter la comptabilité à l'extérieur d'une entreprise (ou de toute autre structure), de la réviser et de l'apprécier pour enfin attester de sa régularité et de sa sincérité. Il rend alors un service de tenue et de vérification des comptes pour toute entreprise cliente.

• *Tenue des comptes*

La tenue des comptes est l'enregistrement en comptabilité des éléments comptables (factures, reçus, quittances…). Dans une entreprise de petite taille ou de taille intermédiaire, le chef d'entreprise peut tenir lui-même sa comptabilité. Il peut s'entourer d'une équipe comptable en recrutant une ou plusieurs personnes suivant la taille de son entreprise et la quantité de flux à traiter. Il peut également décider d'embaucher un comptable en externe s'il ne possède pas les capacités en interne ou si l'embauche d'un comptable lui revenait trop cher. Par exemple, une radio associative locale, qui compte une dizaine de salariés, ne possède pas forcément les compétences pour tenir sa comptabilité en interne. Elle peut alors préférer externaliser cette tâche en choisissant un des 20 000 experts-comptables français inscrits à l'OEC (Ordre des experts-comptables). Pour Agnès Bricard, experte-comptable depuis trente-cinq ans, et ancienne présidente de l'OEC, c'est cette barre des 10 salariés qui va souvent conduire le chef d'entreprise à faire un choix.

> *« En dessous, ce sont les experts-comptables qui interviennent sporadiquement sur place pour saisir la comptabilité. Au-dessus, le cabinet d'expertise comptable va aider le dirigeant à recruter quelqu'un qui deviendra salarié permanent dans l'entreprise. » Il arrive fréquemment que le collaborateur en charge du suivi d'une société dans un cabinet soit embauché par celle-ci par la suite.*

- ***Le conseil aux clients***

Chaque client est libre de choisir son expert-comptable. Le chef d'entreprise, ou le responsable de l'entité, choisit alors son expert-comptable d'après différents critères (souvent de confiance, de coût, ou de renommée). Les missions confiées à l'expert-comptable sont alors du sur-mesure, convenues entre le client et le professionnel de la comptabilité. Ce dernier peut alors être chargé de l'analyse des comptes prévisionnels, de l'évaluation d'une société, d'un audit d'acquisition, ou de l'évaluation d'un licenciement collectif. Il est le premier conseil de ses problématiques professionnelles et parfois personnelles. En cela, la profession d'expert-comptable évolue de plus en plus sur des questions de gestion de patrimoine, de transmission d'entreprise et de fiscalité personnelle.

« Dans mon cabinet, notre activité se compose d'un tiers de tenue des comptes, un tiers de surveillance et un tiers de conseil, explique Agnès Bricard. Quand on fait du conseil, cela relève du champ financier, mais aussi social et fiscal. Dans le cadre d'une opération d'acquisition par exemple, on répond aux questions : "Est-ce une cible adaptée au niveau taille et opportunité ? Est-il préférable d'opter pour un rachat ou une fusion ?" Nous pouvons également délivrer des conseils en matière d'optimisation fiscale ou financière en nous projetant vers l'avenir. »

L'expert-comptable fait alors de la prospective.

- ***Une profession réglementée***

Dans 90 % des cas, l'expert-comptable s'installe de manière libérale, à l'image des médecins généralistes ou encore des avocats et des notaires. Toutefois, il n'est pas possible de s'autoproclamer expert-comptable. À l'image de la médecine, on parle ici d'une profession réglementée, et ce depuis un peu plus de soixante-dix ans. Ainsi, pour accéder à l'exercice de l'expertise comptable, la double condition est d'obtenir le DEC (diplôme d'expertise comptable) puis de s'inscrire à l'OEC. L'OEC est l'instance de régulation de la profession, il est placé sous la tutelle du ministère des Finances (l'instance de régulation des commissaires aux comptes est, elle, placée sous la tutelle du ministère de la Justice).

Le principe de régulation collective du métier est ancien. Dès la fin du XIXe siècle est créée la Société de comptabilité de France qui regroupait les professionnels compétents en matière de tenue de livre de comptes et d'expertise comptable.

À la Société de comptabilité de France va succéder en 1912 la Compagnie des experts-comptables de Paris, délestée des comptables salariés. Les libéraux font donc « bande à part » et leur Ordre des experts-comptables naît officiellement en 1945. Deux diplômes balbutiants émergent dans la foulée, le brevet d'expert-comptable et le brevet professionnel comptable.

• ***Le code de déontologie***

Chaque membre de l'Ordre des experts-comptables doit respecter un code de déontologie. Ce code est publié au *Journal officiel* et organisé autour de quatre grands principes :

- **« les devoirs généraux »**, qui concernent les conditions générales d'exercice de la profession : cela comprend par exemple le respect du secret professionnel, ou la nécessité de donner un avis sincère et objectif sur une entreprise ;
- **« les devoirs envers les clients ou adhérents »** qui rappellent l'obligation d'information et de conseil envers ceux-ci ou encore la liberté des honoraires ;
- **« les devoirs de confraternité »** qui concernent les relations des experts-comptables entre eux ;
- **« les devoirs envers l'Ordre »** qui concernent ses rapports avec la profession organisée.

En cas de manquement(s) à ces principes déontologiques, le professionnel s'expose à des sanctions pouvant être prononcées par une chambre régionale ou nationale de l'OEC.

Cela peut aller de la « réprimande » jusqu'à la « radiation du tableau » ce qui implique une interdiction définitive d'exercer la profession. Par ailleurs, l'expert-comptable reste responsable sur le plan civil et pénal de ses manquements aux règles légales et déontologiques.

L'audit

Le terme « audit » vient du latin *audire*, qui signifie « écouter ». Au IXe siècle, les *missi dominici* de Charlemagne sont les premiers auditeurs publics (à l'époque, royaux) répertoriés. Cette charge a été créée puis instituée par les Carolingiens vers 802. Les *missi dominici* avaient alors pour tâche d'inspecter les provinces au nom du roi et de contrôler les représentants du pouvoir royal. On les retrouvera plus tard sous le nom d'*auditors* à la cour d'Édouard Ier d'Angleterre au XIIIe siècle.

En France, cette tradition a également perduré depuis l'époque carolingienne. Elle s'est structurée jusqu'à devenir notre actuelle Cour des comptes, servie et administrée aujourd'hui par les fonctionnaires sortis de l'ENA.

- ***Une tradition anglo-saxonne***

Ce sont toutefois les Anglais qui vont appliquer ces principes de l'audit public aux entreprises privées issues du capitalisme industriel naissant. Des cabinets d'audit pionniers ouvrent à Londres au milieu du XIXe siècle, comme celui de William Deloitte, descendant d'un aristocrate français, qui inaugure le premier d'entre eux sur *Basinghall Street*, en 1845. Un certain William Cooper établit également son propre cabinet, dans la capitale britannique, neuf ans plus tard (en 1854).

Aujourd'hui, ces deux cabinets existent toujours et sont parmi les références internationales de l'audit et du conseil, forts d'une diversification des métiers (audit financier, fiscalité internationale, avocats, fusions et acquisitions, transmission ou encore prix de transfert…) : Deloitte et PwC (PricewaterhouseCoopers) pour le cabinet de M. Cooper.

En 1870, c'est encore un William (Barclay Peat cette fois) qui fait clouer l'enseigne « William Barclay Peat & Co. », toujours non loin de la Tamise. Cent cinquante ans plus tard, on parle désormais de KPMG (Klynveld Peat Marwick Goerdeler).

Au début du xxe siècle, la tradition de l'audit s'exporte de l'autre côté de l'Atlantique avec notamment Theodore et Alwin Ernst qui créent un cabinet de comptabilité du nom de Ernst & Ernst (1903). Arthur Young et son frère Stanley, ouvrent, eux, un bureau de comptabilité trois ans plus tard (1906). Ces deux familles ne se rencontreront jamais, mais leurs cabinets fusionneront par la suite pour former ce que l'on appelle aujourd'hui EY (Ernst & Young). Tous vont se spécialiser dans l'audit, très porteurs après la Seconde Guerre mondiale où, il se développe fortement dans les entreprises anglo-saxonnes.

Le terme se répand en France et en Europe dans les années 1960 et 1970 avec la création de filiales ou le rachat de bureaux locaux. Dans l'Hexagone, le marché du commissariat aux comptes est depuis largement dominé par les Anglo-Saxons, auquel il faut ajouter tout de même le français Mazars, fondé par Robert Mazars à Rouen en 1940 (cocorico !).

- ***Les* Big Four**

Au fil des fusions-acquisitions, Deloitte, PwC, EY et KPMG sont devenus, par ordre d'importance, les quatre grands cabinets qui régissent le marché de l'audit mondial. On les surnomme les *Big Four* ou *Fat Four*. Auparavant, il y en avait un cinquième, Arthur Andersen, créé en 1913 à Chicago sous le nom de Andersen, DeLany & Co., par Arthur Andersen et Clarence DeLany. Le cabinet et la dénomination *Big Five* ont tous deux disparu en 2002 à la suite d'un scandale financier d'ampleur impliquant le cabinet Andersen et la société Enron, géant américain de l'énergie et du courtage qui avait falsifié ses comptes avec la complicité d'Arthur Andersen (à une époque où expertise comptable, conseil et audit n'étaient pas forcément séparés), provoquant la plus grande banqueroute de l'histoire des États-Unis. Depuis, les activités d'audit et d'expertise comptable sont strictement séparées afin d'éviter tout risque d'autorévision.

La chute d'Arthur Andersen et la séparation des activités avaient provoqué une certaine déconcentration du marché et une baisse des revenus des *Big Four* restants, qui avaient dû se séparer de certaines missions chez leurs clients. En 2021, vingt ans après le scandale Enron, les *Big Four* ont retrouvé un niveau d'activité aussi élevé qu'avant la chute d'Andersen : le groupe des quatre affichant au global un chiffre d'affaires (CA) de 167,3 milliards de dollars (soit une hausse de 7 % par rapport à 2020) ce qui représente un peu plus que le PIB de la Hongrie en 2019, ou encore l'épargne totale accumulée par les Français lors de la crise sanitaire de la COVID-19 et des confinements de 2020/2021...

Le Britannique Deloitte reste premier du groupe avec pas moins de 50 millions de dollars de CA et 345 000 collaborateurs dans le monde. Il est suivi par les Britanniques PwC (45,1 milliards de dollars de CA et 295 000 collaborateurs) et Ernst & Young (40 milliards de dollars de CA et 312 500 collaborateurs) et enfin le Néerlandais KPMG (32,1 milliards de dollars de CA et 236 000 collaborateurs).

Rejoindre les métiers de l'audit peut donc permettre d'entrer dans ces grands cabinets et de travailler pour des entreprises prestigieuses, mondialement (re)connues, avec des avantages significatifs, un management souvent moderne et un plan de carrière potentiellement très lucratif. Le niveau de responsabilité peut rapidement devenir élevé et s'accompagner donc d'une reconnaissance de ses clients. La pression y reste toutefois importante, la concurrence très présente et la hiérarchie parfois pesante.

- ***L'audit légal : le rôle du commissaire aux comptes et sa nomination suite à la réforme de la loi PACTE***

En France, l'audit reste un marché important, même pour des clients de taille plus modestes qu'une multinationale... En effet, l'audit découle à la fois d'une volonté de l'entreprise (audit interne parfois externe et contractuel), mais également d'une obligation légale qui frappe les sociétés commerciales (SARL, SA, SAS...) ou encore les structures de type associatif ou groupement selon qu'elles dépassent certains seuils de chiffre d'affaires, de total bilan et de nombre de salariés (ou de subventions reçues pour les associations). Les entités doivent alors nommer un commissaire aux comptes (CAC) pour certifier leurs comptes annuels. Le CAC nommé exerce son contrôle légal pendant six exercices consécutifs (durée de son mandat). À l'issue de son mandat, si les conditions sont toujours réunies, le mandat devra être renouvelé ou confié à un autre CAC, à la discrétion de l'assemblée générale de l'entité.

Le **commissaire aux comptes dans les sociétés commerciales** : jusqu'en 2019, les sociétés qui dépassaient certains seuils ou présentaient certaines conditions de forme (notamment pour les SA et SCA qui devaient avoir un CAC dès leur création) ou de détentions se devaient de nommer un commissaire aux comptes afin de faire certifier leurs comptes annuels. Depuis la réforme de l'audit dans le cadre de la loi PACTE du 22 mai 2019, la question de forme ou de détention n'existe plus et les seuils de nomination ont été rehaussés en cohérence avec les seuils européens. Cette réforme a alors supprimé un certain nombre de mandats en France, impactant de manière significative l'activité de l'audit légal (pour un cabinet d'audit dit régional, on estime la perte des mandats légaux entre 45 % et 60 % selon les portefeuilles).

Désormais, les sociétés sont soumises au contrôle légal dès lors qu'elles dépassent deux des trois seuils suivants :

- total bilan de plus de 4 millions d'euros ;
- chiffre d'affaires de plus de 8 millions d'euros ;
- nombre de salariés de plus de 50.

Ces conditions de seuils s'apprécient également à l'échelle d'un groupe. Un ensemble de sociétés directement détenu par une entité, dite « tête de groupe », et qui dépasse au global deux des trois seuils précédents se devra de nommer un CAC dans l'entité tête de groupe mais également dans les sociétés filiales dites significatives, c'est-à-dire qui dépassent deux trois seuils suivants :

- total bilan > 2 millions d'euros ;
- total CA > 4 millions d'euros ;
- nombre de salariés > 25.

Dans ces filiales, si elles ne dépassent pas les premiers seuils, la nomination du CAC pourra se faire avec une mission plus courte, appelée mission ALPE (trois exercices) qui débouche sur une certification des comptes, mais dont la réalisation peut se rapprocher plus d'un audit contractuel sur certains aspects que de l'audit légal traditionnel.

Une **association** doit nommer au moins un commissaire aux comptes et un suppléant si elle présente l'une des caractéristiques suivantes :

- association qui reçoit au moins 153 000 € de subventions publiques (sauf subvention européenne) ;
- association bénéficiaire de dons dont le montant annuel dépasse 153 000 € et ouvrant droit aux donateurs à une réduction de l'impôt sur le revenu ou de l'impôt sur les sociétés ;
- association qui a une activité économique qui répond à 2 des 3 critères suivants : au moins 50 salariés, au moins 3 100 000 € hors taxe de chiffre d'affaires ou de ressources, au moins 1 550 000 € de total du bilan ;
- association agréée de surveillance de la qualité de l'air (AASQA) ;
- association qui émet des obligations ;
- association de gestion d'un fonds de solidarité pour le logement ;
- association souscriptrice de plan d'épargne retraite populaire (Perp) ;

- association professionnelle nationale de militaires dont les ressources sont supérieures à 230 000 € ;
- association dont les ressources financières dépassent 200 000 € et qui rémunèrent de 1 à 3 dirigeants ;
- association habilitée à accorder des prêts pour la création, le développement et la reprise de petites entreprises ou pour la réalisation de projets d'insertion par des personnes physiques ;
- association qui collecte des fonds pour la participation des employeurs à l'effort de construction.

Au terme du processus, le CAC émet un rapport dans lequel il va délivrer une **certification sur les comptes annuels**. Il certifie ainsi que les comptes annuels sont réguliers et sincères et qu'ils donnent une image fidèle du résultat des opérations de l'exercice écoulé ainsi que de la situation financière et du patrimoine de la personne ou de l'entité. Cette certification peut être :

- une certification sans réserve ;
- une certification avec réserves, c'est-à-dire qu'un point particulier des comptes présente une anomalie suffisamment importante pour biaiser la lecture de l'information ou bien n'a pas pu être contrôlé par le CAC ;
- un refus de certification, c'est-à-dire que les anomalies dans les comptes sont suffisamment importantes et étendues pour que ces derniers puissent être réguliers.

- ***Audit contractuel et conseil***

L'audit contractuel est, lui, facultatif. Il est réalisé par le professionnel selon les normes de l'OEC (et non du CAC). Il est conduit sur demande de la direction de l'entreprise concernant des sujets globaux ou bien plus précis, souvent à la suite d'un besoin venant du management, d'un tiers financeur, des représentants des salariés ou encore d'une autre entreprise souhaitant l'acquérir.

Dans l'audit contractuel, la conduite des travaux reste très proche de celle de l'audit légal. Toutefois, la relation avec le client est bien différente. En effet, comme nous l'indique Lucas Armand, auditeur senior chez EY :

« Dans l'audit contractuel, la base du travail c'est le conseil. On mène notre audit un peu comme pour le CAC légal, mais à la fin on donne nos conclusions en conseillant le client. Dans l'audit légal, c'est interdit, on n'a pas le droit de s'immiscer dans la gestion. On doit donner des conclusions et, le cas échéant des recommandations. Par exemple, si les stocks sont faux, on va dire au client qu'on n'est pas d'accord avec sa valorisation et on va lui demander de revoir sa copie en lui recommandant d'utiliser telle ou telle méthode. Dans l'audit contractuel, on aura une approche davantage fondée sur le conseil, on va même lui simuler les deux types de valorisation et l'aider à choisir. »

Commissaire aux comptes *vs* expert-comptable

L'exercice de l'expertise comptable (tenir la comptabilité et présenter les comptes annuels) est désormais totalement séparé de l'exercice de l'audit, tout du moins pour un même client. En effet, depuis le scandale Enron et la loi Sarbanes-Oxley aux États-Unis (2002) puis son équivalent français, la LSF (loi de sécurité financière) de 2003, c'est un « *chinese wall* » qui est instauré au sein des cabinets et réseaux entre les activités d'audit et celles de conseil afin d'exclure toute possibilité d'autorévision et cela même à l'échelle internationale.

« Quand un élève passe un examen, il remplit sa copie avec des réponses, et ensuite quelqu'un va corriger. La personne qui corrige ne peut pas être la personne qui a écrit les réponses. Ce n'est pas compatible », nous illustre Raphaël Marceau.

La profession de CAC est, comme celle de l'expert-comptable, une profession réglementée. Il doit respecter tout d'abord un code de déontologie exigeant[4]. « Les principes fondamentaux du comportement » sont au nombre de sept : **intégrité, impartialité, indépendance, bannissement des conflits d'intérêts, compétence, confraternité et discrétion**. Comme toute profession réglementée, il engage sa responsabilité au cours et à l'issue de ses travaux. Sa responsabilité est forte puisqu'il risque, en cas de manquement(s), des sanctions disciplinaires, civile ou pénale et même des sanctions provenant des autorités de régulation des marchés.

Les problèmes déontologiques se concentrent alors autour du conseil, qui a pris une place prépondérante et plus particulièrement au sein des *Big Four*. Le consulting ultra-spécialisé financier, juridique ou fiscal représente désormais plus de la moitié de leurs activités. Et bien plus en part de leurs revenus.

Un mouvement qui suscite l'enthousiasme des nouveaux professionnels, tel Youn Monvoisin, auditeur financier senior chez PwC : « Les mentalités changent énormément car il y a de plus en plus de conseil, les professionnels doivent être beaucoup plus ouverts. »

Attention au revers de la médaille toutefois car entre conseil et audit, les cabinets des *Big Four* ont été et sont encore souvent impliqués sur les cinq continents dans des conflits d'intérêts ou des manœuvres d'évasion fiscale. Illustrations parmi d'autres, les *LuxLeaks* ont rendu publics près de 600 accords fiscaux secrets négociés entre des multinationales et le Luxembourg par... PwC. D'après un rapport parlementaire européen, 10 % des salariés des quatre monstres mondiaux de l'audit seraient localisés dans des paradis fiscaux – ce serait

---

4. Pour en savoir plus, rendez-vous sur : www.cncc.fr/deontologie.html.

même 17 % pour EY. Leur ligne de défense principale ? « La protection des données et des documents de [leurs] clients. » Dernier scandale en date : en juillet 2022, *Les Échos* nous rapportent la condamnation du cabinet KPMG à une amende 14,4 millions de livres sterling pour avoir fabriqué de faux documents en vue de tromper le *Financial Reporting Council* (autorité de tutelle de l'audit en Grande-Bretagne). D'après *Les Échos*, cette tromperie a été organisée dans le but de cacher les manquements de leur audit du groupe Carillion (construction) alors même que des signes de faillite auraient dû être relevés par les auditeurs et donc portés à la connaissance de la direction et des actionnaires. Quatre auditeurs de KPMG se sont vus également sanctionnés par des amendes et interdits d'exercice de la profession pendant sept à dix ans. Les mesures prises dans la foulée du scandale Enron ne semblent donc pas avoir tout résolu, les cabinets restant employés par leurs clients, l'adage qui veut qu'« on ne mord pas la main de celui qui nous donne à manger » reste bien vivace.

3 – Un métier sédentaire ?

Avec un chômage quasiment inexistant, une technologie qui facilite la tâche, des activités variées, la comptabilité peut apparaître comme un secteur confortable. L'image d'un professionnel qui est coincé derrière un écran avec une calculatrice reste toutefois tenace. Mais c'est oublier que l'on peut être amené à quitter son bureau pour beaucoup voyager. La proximité et le contact humain sont alors primordiaux, et on ne peut décemment pas exercer son métier correctement sans aller se rendre compte de la réalité que représentent les chiffres que l'on compile ou que l'on audite pour former le bilan d'une société. L'inventaire physique des stocks ou des immobilisations, pour le CAC ou l'expert-comptable, en étant le meilleur exemple. Il n'y a d'ailleurs pas un professionnel qui n'a pas un certain nombre d'anecdotes sur des inventaires physiques auxquels il a assisté dans sa mission. Entre la vérification des stocks de pierres précieuses chez un bijoutier place Vendôme accompagné d'un gemmologue, la pesée de lingots d'or chez une filiale de Van Cleef, le comptage des bouteilles dans une cave de champagne en déambulant dans une voiturette de golf ou encore l'observation physique des stocks de bois sur pied d'une scierie en pleine forêt... l'inventaire physique reste un moment toujours épique dans l'exercice de la profession.

Le commissaire aux comptes sur le terrain

Jean Mayer, directeur d'un service audit en Alsace, nous rapporte son anecdote lors d'un inventaire chez un client négociant en céréales.

> *« Le client nous reçoit tous les ans pour l'inventaire physique. C'est l'occasion de faire un peu d'intérim [phase de la mission consistant à observer certaines procédures sur lesquelles s'appuyer pour l'audit final, souvent réalisé au cours de l'exercice, avant la clôture] et le point sur l'exercice. Il nous explique qu'il avait eu un excellent approvisionnement au cours des dernières moissons, ce qui l'avait amené à stocker beaucoup de marchandise et que cela avait bien impacté sa trésorerie... Nous assistons donc à l'inventaire physique, et allons voir les silos. Il faut monter jusqu'au-dessus des silos pour pouvoir constater le niveau de remplissage... Vous grimpez donc à l'échelle pour accéder aux toits avec votre collaborateur, le responsable du site et un géomètre pour faire les relevés. Il y a du vent, votre collaborateur n'est pas le plus à l'aise sur l'échelle, vous non plus d'ailleurs, et il y en a une dizaine sur le site à contrôler ! Nous étions arrivés dans l'après-midi parce qu'on devait*

voir un autre client sur la route. Nous n'avons eu donc le temps que de contrôler six silos avant qu'il ne commence à faire nuit... Comme cela devenait vraiment compliqué d'aller crapahuter sur les silos à presque 20 ou 30 mètres de haut et de faire le relevé, on a décidé de terminer le lendemain matin. Le lendemain, on va voir les quatre ou cinq silos qu'il restait à contrôler. Machinalement, en y allant, je m'approche des silos contrôlés la veille, et je tape dessus avec mon poing. Ce sont des silos en taule, donc quand c'est vide ça résonne. Eh bien, je vous le donne en mille, ça a fait du bruit ! Le premier, le deuxième, le troisième... Je voyais la tête du responsable du site, il devenait tout pâle. Je ne vous fais pas de dessin : pendant la nuit ils avaient vidé les silos contrôlés pour remplir les silos vides non contrôlés la veille. On voulait nous avoir de quatre silos dans les stocks, ce qui aurait modifié particulièrement le bilan. C'était quand même sacrément culotté ! »

■ Un rôle de médecin de famille

L'expert-comptable, l'auditeur financier ou le commissaire aux comptes, quelle que soit la taille de son cabinet, est constamment au chevet de « ses » entreprises. On compare souvent la relation de l'expert-comptable avec ses clients à celle d'un médecin de famille avec ses patients. L'expert-comptable accompagne le plus souvent ses clients tout au long de leur vie d'entreprise, du début lors de la création jusqu'à la vente, la transmission ou la liquidation dans des moments moins heureux. Un expert-comptable confiait également qu'il est souvent impliqué dans la sphère privée de ses clients, entre patrimoine personnel, transmission, croissance de la société, équilibre entre vie personnelle et professionnelle : l'expert-comptable est la première oreille à l'écoute du dirigeant. Souhaitant rester discret, cet expert-comptable expliquait également qu'à l'occasion de la vente d'une entreprise, son client avait fait une révélation fracassante en sa présence : lors du dernier rendez-vous avant la signature de la vente, le client explique, à la stupéfaction de tous y compris de son épouse, qu'il avait eu un enfant hors mariage et qu'il souhaitait que ce dernier bénéficie d'une partie de la vente au même titre que ses autres enfants...

- ***Épidémies de bilans***

Les métiers de la comptabilité sont exigeants en termes d'investissement en temps, ils demandent de savoir trancher des décisions parfois lourdes à porter dans un contexte de lois et règlements en constantes évolutions (une décision d'optimisation en 2021 sera peut-être totalement remise en question en 2025), le tout dans un temps toujours très restreint.

L'ensemble du secteur de la comptabilité est également soumis à une forte saisonnalité : 70 % des sociétés en France clôturent leur exercice d'activité au 31 décembre, ce qui correspond à l'année civile. Il peut y avoir des exceptions, comme les associations sportives qui clôtureront plus facilement leur bilan au 31 août, à la fin de l'année sportive.

Une société qui clôture ses comptes au 31 décembre doit décider d'arrêter ses comptes (faire le bilan et arrêter ses écritures d'inventaire) afin de pouvoir les présenter dans les six mois à l'organe chargé de les approuver (l'assemblée générale des actionnaires par exemple). De décembre à mai, on parle donc de « saison haute », une période chargée durant laquelle toute la chaîne du secteur de la comptabilité est en ébullition, de l'assistant-comptable qui fait de la compta au quotidien au sein d'une société ou dans un cabinet, jusqu'au commissaire aux comptes qui en effectue le contrôle légal, en passant par l'expert-comptable qui les présente au client et les atteste lorsque l'entité n'est pas soumise au contrôle légal.

Cela est particulièrement vrai dans les grands cabinets des *Big Four* qui auditent les comptes des grandes entreprises. Celles-ci détiennent de nombreuses filiales régionales, nationales et internationales, mobilisent les antennes régionales de ces grands cabinets qui déploient leurs équipes dans les filiales à auditer, très tôt sur le début d'année civile, mais aussi parfois en amont avec le système de l'intérim et de la préclôture. Certaines filiales doivent ainsi arrêter leurs comptes relativement tôt sur le début d'année, avec des bilans représentant parfois plusieurs centaines de millions d'euros.

Un exemple d'un calendrier de clôture très court : la société des Autoroutes Paris-Rhin-Rhône (APRR), filiale d'Eiffage qui a publié des comptes consolidés clos au 31 décembre 2021 arrêtés le 22 février 2022, soit 53 jours seulement après la clôture. Le bilan représente un peu plus de 8,4 milliards d'euros et le chiffre d'affaires presque 2,9 milliards d'euros. Ces comptes arrêtés et certifiés peuvent alors remonter dans la consolidation des comptes du groupe Eiffage, qui publiait alors sa communication financière le lendemain, 23 février 2022, avec un chiffre d'affaires consolidé de 18,7 milliards d'euros (représentant l'activité des presque 500 filiales du groupe) arrêté, lui, en 54 jours donc.

Cette saisonnalité a tout de même tendance à s'estomper ; résultat du développement de l'audit contractuel (ou conseil), même dans les plus petits cabinets.

> *« Les mois plus creux auparavant (octobre, novembre, décembre) sont désormais chargés, explique Agnès Bricard, ancienne présidente de l'OEC. Dorénavant, nous avons du travail toute l'année, la profession s'ancre dans le champ de la création d'entreprise, de l'acquisition, des associations, des établissements publics, des collectivités locales et même de l'intelligence économique. C'est un métier qui devient de très haut niveau. »*

- ***Digitalisation et relations humaines, les points clés de la profession***

Pour le comptable d'entreprise, le contact avec le client n'a pas beaucoup évolué. En revanche, les outils de gestion (logiciels, réseaux, mégadonnées, intelligence artificielle, etc.) ont évolué et sont devenus de plus en plus sophistiqués : beaucoup d'écritures se font automatiquement à l'image de la télécollecte bancaire qui permet de ne plus saisir les relevés de banque en comptabilité, mais de les intégrer automatiquement. Le comptable effectue moins de saisies et davantage d'analyses, conseille et assiste le chef d'entreprise. Cependant, il reste la majorité du temps derrière un écran d'ordinateur qu'il soit au bureau, ou en télétravail.

La crise sanitaire de 2020 a failli accentuer ce phénomène de coupure et d'enfermement également au sein des cabinets. En effet, la dématérialisation a connu un boom au sein des cabinets d'audit et d'expertise comptable qui ont été quasiment tous contraints, même pour les plus traditionnels d'entre eux, de s'adapter à un travail avec plus de flux dématérialisés, moins de papier, quasiment plus de rendez-vous physiques avec les clients, mais des rendez-vous en visioconférence ou par téléphone. Pendant la première période de confinement, qui est tombée en pleine période fiscale, les cabinets ont tous mis en place le télétravail et les collaborateurs se sont retrouvés à aménager un bureau dans leur salle à manger, leur salon ou encore un bout de chambre/cuisine pour les plus jeunes d'entre eux qui étaient encore en logement étudiant. Au début de l'année 2022 avec le retour progressif à la normale, les collaborateurs ont retrouvé leur cabinet, mais le télétravail reste très présent, devenant la norme dans certains grands cabinets.

Déjà en avance sur ces aspects de dématérialisation et de télétravail, PwC a mis en place au début de l'année 2022 un programme *FlexWork* qui offre à ses collaborateurs un télétravail étendu avec des outils fonctionnant 100 % à distance, une possibilité de mobilité géographique (travailler pour le bureau de Neuilly, mais depuis Rennes, Niort ou encore Beaune), et d'adaptation de ses horaires de travail à ses impératifs personnels. *Quid* des relations humaines ? Elles en sortiront intactes si ce n'est renforcées d'après Valérie Vezinhet, DRH PwC France et Maghreb pour qui :

> *« Au bureau ou à distance, c'est pareil. Le travail à distance fait partie de l'entreprise de demain qui répond à un besoin de souplesse et d'équilibre des collaborateurs. Le temps où il fallait être au même endroit pour créer et développer ce lien entre les personnes dans l'entreprise est révolu. »*

■ Être comptable c'est être aussi créatif

Travailler comme comptable à la direction financière d'une société peut aussi permettre de développer une autre facette du métier : la créativité, pour s'adapter aux changements permanents qui traversent une entreprise.

Une liberté et une large autonomie sont donc tout à fait possibles pour qui travaille à certains postes en entreprise mêlant comptabilité et contrôle de gestion notamment. Elles dépendent toutefois beaucoup de la taille et du secteur de l'entreprise. Dans les grandes banques par exemple, qui sont par définition très hiérarchisées, un service d'audit interne va chercher à optimiser en permanence les performances de chaque agence ou chaque service.

- ***Des défis à relever***

La complexité des normes comptables peut être vue comme autant de défis à relever. Pour s'adapter à leur environnement économique, les entreprises sont amenées à faire évoluer leur stratégie commerciale et financière. Dans les nouvelles technologies par exemple, ce sont Apple, Microsoft ou Samsung qui annoncent régulièrement le lancement de nouveaux téléphones, ordinateurs, tablettes, etc. Ou bien encore l'extension de leurs activités dans tel ou tel pays : un nouveau service en ligne, une nouvelle usine, etc. Derrière, la comptabilité doit suivre en s'adaptant à ces nouvelles activités.

Florian Deroche, auparavant manager transformation des directions finances et risques chez KPMG et aujourd'hui consultant et manager de transition chez FDCO, aborde son métier pointu de manière très ludique.

> *« Dans un premier temps, il s'agit de répertorier tous les changements d'activité qui vont mettre au défi une direction comptable et financière. Par exemple, j'ai travaillé pour une banque qui avait des idées de produits un peu farfelues, complexes. Mon rôle pour elle était de comprendre les risques encourus, de sécuriser les nouveaux flux créés et enfin d'adapter la comptabilité interne. Je ne vais jamais faire la même chose d'un jour à l'autre ou d'un mois à l'autre. »*

Dans ce cas, il s'agit d'être créatif et curieux. Les compétences ne se limitent pas à la comptabilité ou à la finance, il faut en acquérir de nouvelles liées à tel ou tel secteur dans lequel vous êtes amené à travailler. C'est ce qu'a dû faire Florian Margry, senior manager chez EY, lors de son arrivée dans ce grand cabinet, avec l'immobilier :

> *« Une entreprise que j'auditais avait acheté un bien immobilier. J'ai dû répondre à toute une série de questions sur un domaine que je ne connaissais pas : a-t-elle bien fait appel à un notaire ? Est-ce conforme au droit immobilier ? C'est ce qui fait la richesse de notre métier : la découverte et la transversalité. »*

Cette curiosité à l'égard des activités des clients, de leur procédure de production et d'exploitation est également essentielle et est donc particulièrement recherchée chez les candidats.

« Il faut savoir développer un esprit critique, tant au sujet des clients et de leurs activités, des éléments que l'on collecte, mais aussi et de plus en plus vis-à-vis des nouvelles technologies. Cela est essentiel afin de suivre l'évolution de la profession qui se verra bientôt confrontée aux problématiques du big data, de son analyse et son exploitation. Il faudra donc avoir la capacité d'intégrer des flux de plus en plus importants, de les contrôler et de les analyser dans des temps toujours plus courts. Il faudra nous armer de collaborateurs comptables capables aussi de développer des capacités d'intégration et de programmation informatiques », nous explique Éric Lambert, associé d'un cabinet régional et membre d'un réseau national dans lequel il a pris en charge des aspects de ressources humaines au sein d'un groupe de travail.

4 – Des études courtes ou des études longues ?

Du diplôme professionnalisant dès le niveau bac+2 jusqu'au bac+8, plus haut niveau d'études dans le domaine, il y en a pour tous les goûts. Ajoutez-y la probabilité de trouver un emploi à l'arrivée et vous comprendrez pourquoi la matière est aussi attractive. Mais il faut être vigilant sur les choix d'orientation.

■ Un domaine prisé

- ***Les inscriptions***

Selon les derniers chiffres publiés par le ministère de l'Éducation nationale, pour l'année scolaire et universitaire 2020-2021, au niveau secondaire, on comptabilise 74 273 candidats au baccalauréat technologique spécialisé en management et gestion (STMG, sciences et technologies du management et de la gestion). Un niveau au-dessus, en BTS comptabilité-gestion des organisations, on recense un peu plus de 32 000 étudiants en 2021, toutes années confondues.

Dans le supérieur, à l'université, on compte 202 334 étudiants inscrits en faculté de sciences économiques et de gestion, de la licence au doctorat (contre 244 019en 2016-2017). Il faut alors y ajouter également les 22 748 étudiants en IUT (Institut universitaire de technologie), qui préparent un diplôme en gestion des entreprises, des administrations ou des organisations.

Du côté des écoles de commerce, ce sont 219 460 étudiants en 2020-2021 à occuper les bancs des amphithéâtres et des salles de classe (là où ils étaient 152 080 étudiants en 2015-2016)[5].

- ***Un sur dix***

Bien sûr, tous ces étudiants ne sont pas destinés à devenir comptables ou à rejoindre les métiers de l'audit. Mais d'ailleurs, tous les professionnels de la comptabilité, du conseil et de l'audit ne viennent pas forcément de ces filières. Toutefois, les statistiques montrent que le nombre d'inscrits est en constante augmentation dans toutes ces filières depuis une décennie, malgré un léger tassement du côté des IUT depuis cinq ans. Le bac STMG pèse, lui, pour la moitié des effectifs du bac technologique au niveau national.

Des parcours qui restent donc très populaires sur le second degré et le début du supérieur, mais qui seront néanmoins soumis à une sélection lors de l'entrée à l'université, avec la réforme dite des prérequis,

5. Pour en savoir plus, consultez : https://www.education.gouv.fr/reperes-et-references-statistiques-2021-308228

appliquée depuis la rentrée 2018. C'est le même type de degré de sélectivité que l'on retrouve depuis quelques années déjà en master comptabilité-contrôle-audit (CCA) où le ratio y est en général d'un étudiant accepté sur dix candidats (mais ce n'est pas pour ça qu'il ne faut pas tenter sa chance !).

■ Un parcours long

Les diplômes supérieurs reconnus par l'État en comptabilité sont tous des diplômes délivrés par l'État et sont au nombre de trois :

- le diplôme de comptabilité et de gestion, ou DCG, (équivalent bac+3) ;
- le diplôme supérieur de comptabilité et de gestion, ou DSCG (équivalent bac+5) ;
- le diplôme d'expertise comptable, ou DEC, (équivalent bac+8).

DCG et DSCG sanctionnent un niveau de connaissances théoriques de base puis de spécialisation. Le DEC, lui, s'obtient à la fin d'un apprentissage plus professionnel et pratique, pendant trois années de stage professionnel avec inscription au tableau de l'Ordre des experts-comptables. Le but de ce cursus reste alors d'exercer le métier d'expert-comptable et de commissaire aux comptes. Il est à noter que s'il est considéré comme étant un niveau de doctorat, le DEC ne confère pas le grade de docteur, mais de master.

À ce panel on pourra également ajouter un dernier diplôme, plus confidentiel : le certificat d'aptitude aux fonctions de commissaire aux comptes (CAFCAC) qui est régi par le Code de commerce et délivré par la CNCC (Compagnie nationale des commissaires aux comptes). Il permet l'exercice de la profession de commissaire aux comptes (CAC). Il reste moins répandu car il ne permet que l'exercice de la fonction de CAC alors que le DEC, lui, ouvre aussi bien à l'exercice de la profession de CAC qu'à celle d'expert-comptable.

- ***Un régime complexe et réformé***

Entre 1981 et 2007, on comptait quatre examens. La formation initiale correspondait aux trois niveaux des études supérieures universitaires avant la mise en place de la réforme LMD (licence-master-doctorat). De nombreuses passerelles entre les universités, les écoles et les lycées existaient déjà, avec un système toujours opérant de dispense de certaines épreuves pour les diplômes étrangers.

La logique de ces études n'a pas changé et ces diplômes sont toujours valables pour ceux qui les ont obtenus. Par le système des équivalences, ils permettent également de reprendre des études, en comptabilité ou ailleurs. Cependant, le parcours est désormais plus clair et plus étoffé.

- ***Des études plus complètes et plus diplômantes***

Le parcours intègre les évolutions récentes qui touchent les professionnels de la comptabilité que ce soit au niveau juridique, économique ou social. En plus de l'actualisation des matières de base apparaissent de nouvelles matières obligatoires comme les systèmes d'information ou l'anglais.

Si vous choisissez la compta-gestion, les études supérieures sont désormais plus complètes. En outre, le système des crédits européens ECTS (*European Credit Transfer and Accumulation System*), introduit par le passage au LMD, permet de partir étudier au sein de l'Union européenne.

Ce qui n'a pas changé, c'est le nombre d'années pour devenir expert-comptable : huit années d'études après le bac. Il faut toujours suivre cinq ans d'études théoriques dans un premier temps, suivies de trois années de stage(s) professionnalisant(s) obligatoire(s) dans un second temps pour l'obtention du diplôme final. Qu'est-ce qui a changé alors, outre les programmes réformés ? Le passage de quatre à trois diplômes, plutôt favorable à l'étudiant.

Le DCG est délivré au niveau licence, soit bac+3. Le DSCG s'obtient à bac+5, comme un master. Ensemble, ces deux diplômes constituent la partie plus théorique du cursus, même si la pratique tient déjà une place prépondérante, l'alternance étant par exemple possible et souvent adoptée par les étudiants. Précisons au passage que le grade licence est automatiquement attribué aux titulaires du DCG, et le grade de master à ceux qui obtiennent le DSCG. Enfin à bac+8, soit le niveau doctorat, le DEC marque la fin des fameuses trois années en stage(s) rémunéré(s). Ce dernier permet d'intégrer l'OEC et d'exercer en libéral (ou non).

- ***Les conditions d'inscription***

La candidature aux épreuves du DCG est libre, à condition de pouvoir justifier du niveau d'études baccalauréat.

Pour se présenter à celles du DSCG, il faut avoir obtenu le diplôme précédemment cité (DCG) ou un master (peu importe la filière). Dans ce cas, pour présenter DCG ou DSCG, suivre une préparation, diplômante ou non, dans une université, une ESC (École supérieure de commerce), un lycée ou un organisme privé, n'est pas obligatoire, mais fortement conseillé. Le programme des examens que l'on passe au printemps est dense : 13 épreuves pour le DCG plus une facultative de langue, au moins sept pour le DSCG. Les taux de réussite sont faibles, particulièrement pour le premier diplôme. En 2020, on dénombre 4 060 diplômés du DCG et 2 606 admis au DSCG.

Les taux de réussite sont toujours à relativiser car il est très rare que les élèves puissent se présenter à toutes les épreuves en une même session. En effet, les programmes de préparation sont étalés sur plusieurs années (trois ans pour le DCG, deux pour le DSCG) et les élèves passent donc seulement les épreuves préparées à la fin de chaque année. Il faut ainsi les apprécier par épreuve et non au global sur le diplôme.

L'accès aux épreuves du DEC est encore plus restreint. Il faut justifier de l'obtention préalable du DSCG d'une part, et d'un stage professionnel de trois ans en expertise comptable d'autre part.

- ***Les équivalences au DCG et au DSCG***

Enfin, il faut également retenir que pour obtenir le DCG et le DSCG, un certain nombre d'équivalences peuvent être obtenues grâce à des diplômes.

Plusieurs DUT (jusqu'en 2007) et BTS (jusqu'en 2017) permettaient d'obtenir jusqu'à six dispenses au DCG. Les personnes titulaires de ces diplômes bénéficient toujours des dispenses en cas de passage du DCG, lors d'une volonté de reconversion par exemple. Aujourd'hui, les équivalences délivrées restent notamment pour les UE 1,5,8,9 et 12. L'une des rares écoles à le permettre est l'École pratique des techniques de gestion de La Rochelle.

Concernant le DSCG, seules les UE 2,3,5,6 et 7 peuvent faire l'objet de dispenses. Les UE 1 (gestion juridique et fiscale) et UE 4 (comptabilité et audit) sont donc deux épreuves qu'il faut obligatoirement présenter. Deux voies royales s'imposent aujourd'hui : le master CCA (qui délivre 5 UE sur les 7 du DSCG) et les diplômes des écoles de commerce (qui délivrent entre 2 et 5 UE). Parmi les écoles de commerce permettant le plus grand nombre de dispenses, on retrouvera notamment les filières spécialisées d'HEC (Paris), de l'ESCP Europe (Paris), de l'ESSEC (Paris), de l'EDHEC (Lille), de la Burgundy School of Business (Dijon), d'Audencia (Nantes), de NEOMA (Rouen et Reims) de l'ESC Clermont-Ferrand, de l'Euromed Management (Marseille), de l'ESC Pau, de l'ESC Grenoble, de l'ESC Toulouse et de l'ESCEM Tours-Orléans-Poitiers...

■ Un parcours court qui s'allonge

Vous l'aurez compris, le parcours pour devenir expert-comptable, CAC ou directeur financier est long. Exigeant aussi, car il nécessite des connaissances dans beaucoup de domaines. Les filières courtes restent donc des options intéressantes.

• *Trois noms pour un baccalauréat*

Il s'appelait auparavant bac STT (sciences et technologies tertiaires), il a été rebaptisé bac STG (sciences et technologies de la gestion) en 2005-2006 pour finalement devenir le bac STMG à compter de l'année scolaire 2012-2013.

À côté, d'un tronc commun en droit, management, gestion, économie qui s'ajoute aux matières communes à tous les bacs technologiques – du français aux mathématiques –, il permet de choisir une spécialisation en gestion et finance ou systèmes d'information de gestion. Il est néanmoins devenu difficile, voire impossible, de trouver un emploi avec ce bac, devenu une porte d'entrée sur un premier cycle court.

• *Trois voies postbac*

Une fois le bac STMG en poche, vous pouvez en effet préparer un BTS comptabilité-gestion ou un BUT GEA (gestion des entreprises et des administrations) de niveau bac+2. Deux voies rapides, intenses et professionnalisantes, qui incluent des stages d'initiation. Le second demeure néanmoins plus généraliste. Ce qui permet de prolonger éventuellement vers des études longues : le fameux triptyque DCG-DSCG-DEC.

Enfin, une troisième voie, de plus en plus prisée, est celle des CPGE (classes préparatoires aux grandes écoles), spécialisées en comptabilité et gestion. Elles ne sont pas diplômantes en tant que telles, mais préparent en deux ans au concours d'entrée dans les écoles supérieures de commerce et de management. Dans l'optique de préparer un DSCG et plus si affinités.

- ***Le bac+3 devient la norme***

Il est conseillé d'avoir choisi l'option gestion et finance ou systèmes d'information de gestion, dès le bac STMG, pour suivre l'une de ces trois voies diplômantes « courtes ». Il est aussi possible d'y accéder avec un bac général. Il sera alors conseillé de choisir des enseignements de spécialité de type mathématiques, sciences économiques ou sciences informatiques entre la première et la terminale. Toutefois, même sans ces spécialités, il sera toujours possible de s'orienter vers une filière comptable.

Johnny Schwertzig prévient :

> *« Le problème, c'est que les employeurs veulent que les candidats rentrent dans les clous de la réforme LMD, et de fait il y a une surenchère vers les diplômes en licence et en master. On trouve encore un emploi avec un BTS aujourd'hui, mais une licence devient de plus en plus indispensable. »*

Comme pour tous les parcours d'études, le minimum requis dans la comptabilité tend à devenir un diplôme de niveau bac+3.

5 – Je suis nul·le en maths, c'est grave ?

Noyé dans une multitude de chiffres, le comptable ou l'expert-comptable semble se rapprocher du mathématicien. Nombre d'étudiants en comptabilité-gestion sont d'ailleurs passés par un bac aux spécialités scientifiques. Mais est-il indispensable d'être bon en maths et organisé pour réussir dans cette filière d'études ?

L'organisation

Être allergique aux chiffres quand on veut être comptable est rédhibitoire, c'est sûr. Mais au quotidien, peu de calculs complexes sont finalement effectués, à l'exception de quelques travaux sur des sujets de finance d'entreprise complexe, de rendement ou d'actualisation de placement, ou encore de la TVA.

- ***La logique plus que les mathématiques***

« Rencontrer des difficultés en mathématiques ne constitue pas un obstacle majeur aux études d'expertise comptable. En revanche, être désorganisé pose problème car une grande rigueur est requise tout au long du cursus d'études et de la carrière professionnelle », explique Christiane Föll, coresponsable du master 2 CCA à Paris 1.

Comme dans tous les métiers finalement, il s'agit d'être organisé. Les difficultés en mathématiques peuvent néanmoins être un indicateur d'un manque de logique et d'esprit cartésien. Et c'est surtout cette logique qu'il faut avoir pour s'engager dans cette voie, car l'analyse d'opérations financières est complexe.

L'envie et l'ouverture d'esprit

Les études en comptabilité sont exigeantes, surtout quand elles sont longues. Dans le même temps, avec l'informatisation le métier évolue, tout comme les profils recherchés. Il ne s'agit plus seulement de maîtriser la fameuse « logique comptable », mais d'afficher motivation et ouverture d'esprit.

- ***Du sérieux et de l'enthousiasme***

Du fait de son informatisation, la partie technique de la comptabilité ne représente plus que 20 % du temps de travail, pour 80 % de relationnel avec sa hiérarchie ou ses clients, aux dires des professionnels interrogés. Les « qualités relationnelles » sont donc systématiquement exigées dans les offres d'emploi du secteur.

Ce qui compte, c'est le sérieux et l'enthousiasme du candidat, pas nécessairement ses résultats scolaires. Youn Monvoisin, auditeur financier chez PwC, passé par un master CCA, le symbolise :

> *« Il ne faut pas forcément être premier de la classe et brillant avec les chiffres. Moi par exemple, j'étais un peu juste, mais ce sont plus ma motivation et mon profil un peu commercial qui ont joué. Car quand on est expert-comptable et que l'on conseille les gens, il ne faut pas seulement restituer ce que l'on a appris en cours ! Il faut être en mesure d'expliquer, de prendre du recul. »*

- ***Des profils « ouverts »***

Les écoles, les universités, comme les (futurs) employeurs, recherchent d'ailleurs de plus en plus des profils qu'ils disent « ouverts ». « Je ne recrute pas forcément sur le niveau des diplômes, mais sur les tempéraments et les compétences », souligne Hacène Asses, à la tête du cabinet de recrutement Profil'A après un passage sur les bancs du groupe de recrutement Hays.

Désormais, les jeunes diplômés doivent être capables de penser à l'accompagnement des entreprises dans leur globalité, prendre de la hauteur par rapport aux chiffres et avoir une vision élargie, que ce soit sur le plan comptable, mais aussi celui des ressources humaines, de l'optimisation fiscale ou du dialogue social. Ce changement a été amplifié par la crise financière de 2008.

> *« On décrit toujours l'expert-comptable comme le "médecin de l'entreprise", mais on est désormais passé des soins aux conseils personnalisés, plaide l'experte-comptable parisienne Agnès Bricard, il faut pouvoir répondre à l'entreprise sur des questions variées qui engagent son avenir : que vaut ma boîte ? Dois-je fusionner avec une autre entreprise ? Comment organiser un plan de licenciements ? Quelles meilleures options pour de nouvelles embauches ? Comment restructurer mon capital ? Notre savoir-faire permet aux entreprises d'avoir des outils pour réfléchir à ces évolutions. »*

Cette quête de « profils ouverts » ne signifie pas non plus la disparition des « profils déterminés ». Ceux-ci vont choisir une formation dédiée qui va directement les amener à un métier précis, comme l'auditeur financier spécialisé dans les systèmes bancaires. Les grands cabinets des *Big Four*, qui divisent le travail d'audit ou d'expertise comptable jusqu'à l'hyperspécialisation, en sont friands.

6 – L'anglais: est-ce indispensable pour exercer ?

Nous l'avons vu, dans la comptabilité, les études s'allongent, les normes s'internationalisent, les métiers se diversifient. Faut-il alors être bilingue en anglais si l'on veut y travailler ? *Not so sure.*

Un atout important

> *« Dans tous les cabinets et dans toutes les entreprises, on peut rencontrer des outils, des textes ou des clients anglais. L'anglais est donc devenu primordial, avance Jean-Louis Pouxritikoff, professeur et directeur de la communication à l'école ENGDE de Paris, avant d'ajouter, on ne peut pas être un super comptable si on n'est pas bon en anglais ! »*

Les diplômes en comptabilité ont intégré cette réalité professionnelle beaucoup plus anglophone.

- ***Anglais obligatoire***

Le DSCG (bac+5) comprend une épreuve orale d'économie obligatoire qui se déroule en anglais sur une heure. Certaines écoles ou universités obligent même leurs élèves à passer le TOEIC (*Test of English for International Communication*), célèbre certification en anglais, au cours de leur master, pour les préparer au mieux. La langue de Shakespeare occupe désormais sa place dans les études en comptabilité.

Les cours en anglais ne sont jamais faciles pour les étudiants. Par ailleurs, cette volonté de donner plus de cours en anglais, d'internationaliser les cursus, notamment dans les écoles de commerce, conduit parfois à des cours animés par des intervenants avec un anglais finalement moyen, l'auteur de ce livre pouvant en témoigner car en ayant donné lui-même malgré son niveau tout à fait modeste... Cela n'élève finalement pas le niveau, surtout pour les matières purement comptables, dont les textes légaux et réglementaires restent tout de même issus du Code de commerce. Des cours de comptabilité en anglais, pour aborder les IFRS (*International Financial Reporting Standards*) ou les US GAAP (*United States Generally Accepted Accounting Principles*), ce n'est pas inintéressant, mais attention lorsque l'on va sur le PCG (*Plan comptable général*), la fiscalité française...

Le BTS comptabilité-gestion intègre lui aussi une épreuve orale de langue étrangère, de vingt minutes avec préparation (vingt minutes également), mais cela peut être au choix : anglais, allemand, arabe, chinois, espagnol, italien, portugais ou russe.

La maîtrise de la langue anglaise a cependant une utilité bien spécifique. Elle permet de comprendre les normes comptables qui ont une source européenne, mais surtout anglo-saxonne. Un seul exemple pour s'en convaincre : le site Internet de l'IASB (*International Accounting Standards Board*), organisme international chargé d'élaborer les standards internationaux, n'est disponible qu'en langue anglaise.

- ***D'autres langues***

Le ministère de l'Enseignement supérieur et de la Recherche estime, dans le programme des épreuves, que « la maîtrise d'au moins une langue vivante étrangère constitue un atout important pour l'exercice de la profession. C'est pour cela que, compte tenu du développement considérable des échanges avec l'étranger, le choix d'une seconde langue à titre facultatif est vivement encouragé ». C'est l'ouverture à l'international du futur professionnel qui compte, plus que l'anglais *stricto sensu*.

> *« L'anglais a toujours été indispensable, même il y a trente ans, tempère Agnès Bricard, mais c'est encore plus vrai aujourd'hui, à cause de l'export, car on peut être amené à travailler en Europe, en Chine ou aux États-Unis. Certains diront que c'est plutôt l'allemand ou l'espagnol qui est important pour eux, il est donc tout aussi essentiel d'être bon techniquement : en évaluation ou en financement d'entreprise par exemple. »*

Une question de taille

L'utilisation quotidienne de l'anglais dépend donc du secteur dans lequel vous évoluerez et surtout de la taille du cabinet ou de l'entreprise au sein de laquelle vous travaillerez.

- ***Une obligation dans les grands cabinets***

« Lorsque vous travaillez avec des clients français, les langues étrangères ne sont pas forcément nécessaires... toutefois lorsque certains ont des succursales établies dans des pays non francophones, il faut avoir des bases d'anglais un peu solides avec notamment du vocabulaire technique », explique Benjamin Lavey, chef de mission chez EY. « Lorsque votre client a des fournisseurs ou des filiales dans des pays étrangers, ou même de simples établissements, cela vous conduit forcément à devoir échanger avec des interlocuteurs étrangers et cela se fait plus naturellement en anglais. Lorsqu'on a besoin de remonter les informations en consolidation par exemple, il faut fournir des modèles de liasses de conso qu'on va rédiger en anglais. Lorsqu'on va demander des justificatifs à un fournisseur pour l'audit, on va également le faire en anglais, même si le fournisseur est allemand, russe ou chinois. »

L'anglais est donc indispensable pour travailler dans un cabinet des *Big Four*, où sa maîtrise est de toute façon requise à l'embauche. Dans les plus petits cabinets, même de taille nationale, cela est en revanche loin d'être obligatoire.

- ***Une opportunité dans les petits cabinets***

Emmanuel Rineau, qui dirige une petite antenne d'un cabinet d'expertise comptable en Vendée, voit en la maîtrise de l'anglais une opportunité.

« Cela dépend dans quel domaine d'activité vous évoluez. Un certain nombre de mes clients sont des filiales de groupes étrangers. Dans ce cas, ou inversement, si des investisseurs sur votre territoire sont étrangers, la maîtrise de l'anglais est nécessaire pour nouer des liens et échanger. Dans un petit cabinet, ce n'est pas primordial au quotidien, mais indispensable pour grandir. »

La maîtrise d'une langue étrangère en général, de l'anglais en particulier, est donc un avantage plus qu'une contrainte absolue. Comme dans tous les métiers pourrait-on dire.

PARTIE 2

LES ÉTUDES POUR Y ACCÉDER

1 – Quelles spécialités choisir pour réussir ?

Il n'y a pas de baccalauréat spécifique requis pour faire des études supérieures dans le domaine de la comptabilité-gestion. Il n'en reste pas moins que certaines spécialités sont plus indiquées que d'autres.

■ La disparition du bac pro et du BEP comptabilité

Il y a quelques années encore, il était possible d'entrer directement sur le marché du travail après un bac professionnel comptabilité ou un BEP (brevet d'études professionnelles) comptabilité. Noyées parmi plus d'une centaine de diplômes différents toutes filières confondues, ces deux voies très courtes et professionnalisantes ont quasiment disparu, tout du moins pour faire de la comptabilité pure.

• ***Des études qui s'allongent***

Ainsi, le bac pro a disparu en 2010 puis dans la foulée le BEP comptabilité en 2013 (obtenu par 9 478 personnes pour la dernière session). Le CAP (certificat d'aptitude professionnelle) comptabilité avait d'ailleurs connu le même sort auparavant. Ces disparitions successives des diplômes courts sont de toute évidence les conséquences de l'automatisation et l'informatisation d'un grand nombre de tâches de base de la profession ces vingt dernières années et font directement suite à la disparition de certains postes basiques, entre comptabilité et secrétariat, comme remplir une liasse fiscale à la main (ou avec une machine à écrire), enregistrer les journaux et les livres de comptes, éditer les comptes annuels à la main, etc.

Les années d'études se sont ainsi allongées et poursuivront en ce sens afin de pouvoir former les futurs professionnels à des postes amenant une valeur ajoutée de plus en plus forte.

- ***Un choix déconseillé***

Disparu ? En fait, pas complètement. Le bac pro comptabilité a fusionné avec le bac pro secrétariat pour devenir le grand bac professionnel gestion-administration formant des profils capables d'être plus polyvalents : un peu moins de comptabilité, un peu plus de bureautique et de secrétariat-gestion. Le BEP comptabilité a été, lui, remplacé par le BEP métiers des services administratifs. Dans les deux cas, les matières enseignées sont désormais très éloignées des bases indispensables à la maîtrise de la comptabilité. Il s'agit bien plus de gestion administrative de l'entreprise, au sens large : de l'organisation de réunions aux ressources humaines. Emprunter une de ces deux voies pourra peut-être vous amener à travailler à l'accueil d'un cabinet d'expertise comptable, mais probablement pas à signer des comptes annuels, ou alors après bien des zigzags et diplômes supplémentaires. On est loin de la voie royale.

■ Le bac STMG, une étape intermédiaire

Le baccalauréat STMG est l'héritier du bac STT (1993-2005) puis du bac STG (2006-2013).

Offrant une spécialisation précoce en matière de compta-gestion, il est un tremplin vers un BTS et parfois au-delà.

L'enseignement du bac STMG, en première et terminale, est organisé en trois pôles. Tout d'abord, les matières générales, que l'on retrouve dans les autres baccalauréats. C'est-à-dire le français, les mathématiques, deux langues vivantes, l'histoire-géographie, la philosophie et l'EPS. Ensuite, les matières spécifiques, enseignées exclusivement en STMG. Dans le détail, on retrouve en première le management des organisations, l'économie et le droit, puis en terminale, une spécialité à choisir parmi : les ressources humaines et communication, le marketing, les systèmes d'information de gestion ou gestion et finance.

Au baccalauréat, le candidat doit passer neuf épreuves obligatoires dont la spécialité plus deux facultatives. Les coefficients s'étalent de 2 à 12. À la rentrée 2020, on comptait 63 295 étudiants en filière STMG. Le taux de réussite global est toujours important : il était de 95,1 % en juin 2021 (contre 89 % en 2017).

- ***La spécialité gestion et finance***

Dans l'optique de poursuivre ses études en compta-gestion et/ou de pousser jusqu'à l'expertise comptable, **la spécialité gestion et finance est particulièrement conseillée**. Tout au long de l'année, sur une base de six heures par semaine, on y étudie la création de la valeur, la mesure de la performance des entreprises, l'impact des choix financiers de celles-ci.

- ***Et ensuite ?***

Que faire après ce bac STMG ? Détaillons le parcours de Florian Margry, senior manager chez EY, un cabinet des *Big Four*.

« Mon père est commissaire aux comptes, je baigne donc dedans depuis que je suis petit. Je l'entendais régulièrement discuter au téléphone avec des clients et tout l'aspect économique et business m'intéressait. En un mot, la curiosité de savoir comment on gère une entreprise », raconte-t-il. Malgré cet environnement familial, il ne se sentait « pas en capacité » de passer un bac général, série économique et social par exemple. Il a donc opté pour un bac STMG en se spécialisant en comptabilité. Après son bac, le jeune homme a intégré un IUT en gestion des entreprises et des administrations à Orléans pour ensuite basculer vers la voie universitaire et le triptyque de diplômes DCG (bac+3), DSCG (bac+5), DEC (bac+8).

Les chiffres montrent que la moitié des lycéens qui passent le bac STMG s'orientent ensuite, comme Florian, vers un BTS ou un BUT. Ils peuvent également tenter les classes préparatoires aux grandes écoles ou l'université, voire l'entrée directe sur le marché du travail. Depuis quelques années, un système de quotas au niveau des académies oblige les IUT à accepter 30 % de bacheliers technologiques en leur sein. Le bac STMG est donc le passage presque obligé pour des études supérieures courtes, de deux à trois ans. Il peut aussi parfois constituer la première étape d'un cursus plus long, en cinq ou huit ans.

■ Le bac général

Pour faire des études longues qui se terminent avec l'obtention du DEC, la voie classique reste le baccalauréat général. Les anciennes séries ES et S étaient encouragées même si la série L n'était pas « éliminatoire », rappelons que les principales qualités dans le métier restent le sens logique, la curiosité, la rigueur et la responsabilité.

Aujourd'hui, à la suite de la réforme du baccalauréat, le choix des spécialités suivra la même orientation : si les mathématiques, les sciences économiques et sociales ou le numérique semblent les options les plus indiquées, rien n'empêche de composer également avec une partie d'histoire, d'humanités ou de physique. En effet, l'objectif est de se donner les moyens de s'épanouir dans des études *a priori* longues, tout en développant notamment un sens logique, une rigueur et une curiosité.

• ***Choix important***

L'accès aux filières de type IAE présuppose une envie de continuer sur des études longues (bac+5). Le bac général, plutôt que le BTS semble donc la porte d'entrée tout indiquée. L'ancienne série S demeurait le choix le plus courant quand on regarde le parcours des étudiants de comptabilité-gestion en école de commerce ou à l'université. Notons qu'il n'y avait pas d'option particulière à privilégier. Beaucoup choisissaient tout de même les mathématiques. Aujourd'hui, les spécialisations mathématiques, sciences économiques et numérique semblent tout indiquées encore une fois, même si finalement... pas que !

En effet, après un bac S, voulant continuer ses études et étant attiré par les métiers de la finance, votre serviteur et auteur de cet ouvrage, avait décidé de faire une CPGE ECS. À la fin de sa première année de prépa, il a rencontré un expert-comptable qui, lui, avait fait un cursus en philosophie ! Après un stage de quelques semaines pendant l'été, la suite s'est rapidement dessinée, ce métier est probablement l'un des débouchés les plus géniaux du marché car il permet de rencontrer des clients de tous types et mêle savoureusement les chiffres, la fiscalité, le droit, la finance d'entreprise, l'économie et reste indéniablement basé sur l'humain.

Il n'y a pas deux experts-comptables identiques, chacun mène ses dossiers selon sa personnalité et ses affinités. Cela se confirme régulièrement dans n'importe quel cabinet de taille régionale où se mêlent souvent des associés issus des IAE, des écoles de commerce, de facultés de droit et même de Sciences Po.

- ***Capacité de travail***

Obtenir un bac avec des bonnes notes en spécialités maths et économie n'est donc pas forcément nécessaire. Jean-Louis Pouxritikoff, professeur et directeur de la communication à l'ENGDE, abonde :

> *« On a eu de nombreuses personnes qui venaient de l'ancien bac scientifique et de l'ancien bac économique et social. Nous étions souvent intéressés par le second pour une question de culture générale et d'ouverture. »*

Le choix de la compta peut donc être postérieur au bac, et même au master. Ce que montrait l'exemple précédent avec des professionnels issus des facultés de droit ou de Sciences Po, l'exemple de Pierre-Camille Morognier, expert-comptable et commissaire aux comptes chez Guillet Bouju nous le confirme :

> *« La comptabilité, ça s'est fait par hasard. J'ai passé un bac ES en ne sachant pas du tout ce que je voulais faire. Je pensais que ma mention assez bien m'offrait peu de débouchés, alors j'ai choisi d'aller en IUT, pour préparer un DUT gestion des entreprises et des administrations (GEA). En première année, je ne savais toujours pas quoi choisir. Par contre, en deuxième année, année de spécialisation, j'ai eu 20 sur 20 de moyenne en fiscal et 18 en compta. C'étaient mes meilleures matières, là, c'est devenu une évidence. »*

2 – Quelles différences entre un BTS et un BUT ?

Ils se ressemblent. Le BTS comptabilité-gestion et le BUT gestion des entreprises et des administrations durent deux ans (bac+2). Ce sont les voies courtes et professionnalisantes par excellence. Pourtant, ils possèdent chacun leurs spécificités.

■ Deux ambiances différentes

Au sein de ces deux parcours, BTS et BUT, sont enseignées les mêmes bases théorique et pratique de la compta-gestion. L'ambiance des lieux d'apprentissage diffère, en revanche, avec d'un côté le lycée et de l'autre l'IUT.

• ***Dans la continuité du lycée : le BTS***

Le BTS est enseigné dans un lycée, public ou privé. Pas loin de 500 établissements proposent cet apprentissage en France, il y a donc l'embarras du choix. L'avantage (qui peut être un inconvénient pour certains) est que l'organisation reste quasiment la même qu'avant le baccalauréat. « J'en garde un bon souvenir, même si cela n'a pas été sans difficulté. Mais l'encadrement des professeurs est un atout et il faut savoir s'en servir », se souvient Lucile Amiot, qui a fréquenté un lycée à Belfort. Une trentaine d'élèves par classe, un suivi des professeurs très poussé et une présence en cours très contrôlée... Le travail d'apprentissage se fait par petits groupes pour trente à quarante heures de cours par semaine. Idéal si on a besoin d'un cadre strict, proche de l'atmosphère de la terminale.

• ***Proche de la faculté : le BUT***

Les formations en BUT se déroulent dans un IUT, rattaché à une université. L'offre reste là aussi très abondante. L'enseignement est très cadré, tout en donnant accès aux équipements de l'université, des bibliothèques aux laboratoires de langues. Une promotion de BUT peut compter des centaines d'étudiants pour trente-cinq à quarante heures par semaine réparties entre cours magistraux, travaux dirigés et travaux pratiques, en petites classes. Une ambiance qui ressemble à la faculté, avec un rythme de travail soutenu et un suivi exigeant. Si l'on cherche une atmosphère universitaire sans être pour autant livré à soi-même, cette voie conviendra parfaitement.

■ Des finalités distinctes

L'objectif du BTS et celui du BUT ne sont pas exactement les mêmes. Bien sûr, ce sont des filières visant à rendre opérationnel pour une entrée rapide sur le marché du travail. Mais le second laisse néanmoins plus de portes ouvertes.

• ***Très professionnalisant***

Clairement, le BTS est très professionnalisant dans ses enseignements, avec une spécialisation précoce. Il est d'ailleurs plus proche des besoins spécifiques de certaines branches. Les matières professionnelles de comptabilité et gestion représentent deux tiers des heures de cours contre un tiers pour les enseignements plus généraux (mathématiques appliquées, économie, droit, anglais). Les disciplines les plus importantes sont le contrôle/traitement comptable des opérations commerciales et le contrôle/production de l'information financière (six heures par semaine en première année) ; la gestion des obligations fiscales et la gestion des relations sociales (cinq heures) ; l'analyse et la prévision de l'activité et l'analyse de la situation financière (cinq heures, mais en deuxième année).

Pour Johnny Schwertzig, directeur Nouveaux Marchés chez Skill and You et auparavant directeur pédagogique de l'EFC :

> *« Avec le BTS comptabilité-gestion, il y a de moins en moins de théorie et beaucoup plus de pratique. On décortique moins les outils, mais on apprend plus rapidement comment les utiliser. Pour celui ou celle qui n'est pas très scolaire, c'est parfait ! »*

Un stage d'initiation obligatoire de huit à seize semaines est d'ailleurs prévu.

> *« Je voulais être assurée d'avoir un métier avec un BTS et valider le fait que j'aimais vraiment la comptabilité, rapporte Magalie Giroire, experte-comptable. Mais ça m'a tellement plu que finalement j'ai poursuivi mes études. »*
>
> *L'objectif initial d'un BTS est clairement de rentrer sur le marché du travail. Poursuivre ses études au-delà de ce bac+2, comme Magalie, reste l'exception, pas la règle.*

• ***Un travail ou une licence et un master***

Comme pour le BTS, le BUT comprend des cours très techniques, surtout à partir de la deuxième année où l'on choisit son option. Néanmoins, ces cours restent assez généraux pour permettre facilement de poursuivre des études.

Le stage, lui aussi obligatoire, est d'une durée minimum de dix semaines. L'enseignement se fait autour de grands blocs pluridisciplinaires, pour moitié professionnalisants. Les plus significatifs sont l'environnement économique et juridique (première année) puis la gestion comptable et fiscale de l'entreprise, la gestion et le pilotage des ressources humaines et l'entrepreneuriat ainsi que le management d'activités (deuxième et troisième année). L'objectif est de permettre une insertion professionnelle tout en ne fermant pas la porte à une licence ou un master. « On est dans le cadre d'un premier socle d'enseignement plus théorique, dans le but de continuer éventuellement vers l'expertise comptable », synthétise Johnny Schwertzig. Les chiffres sont parlants. De cinq à huit étudiants sur dix poursuivent leurs études après l'obtention d'un BUT, suivant l'IUT. Cette proportion tombe de trois à cinq sur dix quand on passe un BTS, en fonction du lycée. Les considérations pédagogiques et professionnelles sont bien sûr primordiales, mais les choix de chacun sont aussi guidés par d'autres éléments (comme les ressources financières de l'étudiant ou de ses parents).

■ Coûts variables, réussite semblable

Des lieux, des contenus et des perspectives qui diffèrent, cela dessine en creux le profil de l'étudiant qui choisit un BTS ou un BUT. À cette liste de critères déterminants, il faut ajouter le prix des études et les chances de réussite.

• ***Coût : entre 0 et 5 000 €***

Le coût des études n'est pas du tout le même suivant le diplôme que l'on choisit. Un BUT est délivré dans un IUT qui est rattaché à une université (secteur public donc). Les frais s'élèvent à 170 € par an, s'agissant d'une année de licence, hors bourses, auxquels il faut ajouter la contribution à la vie étudiante et de campus (CVEC) mise en place à la rentrée 2018, aux environs de 95 euros.

L'inscription dans un BTS public ne donne pas lieu au paiement de droits d'inscription. Si le BTS est dispensé dans un établissement privé sous contrat, les frais de scolarité s'échelonnent alors entre 300 et 900 € par an, en moyenne. Si c'est un établissement privé hors contrat qui propose le BTS, il en coûtera de 1 500 à 5 000 €. Un écart financier qui peut peser dans la balance au moment de faire son choix.

Dans les deux cas, BTS et BUT, il sera souvent possible de le réaliser en alternance, c'est-à-dire avec un contrat d'apprentissage permettant la prise en charge des frais de scolarité ainsi que d'une rémunération pour l'apprenti, variant entre 27 % et 51 % du SMIC suivant l'âge et l'année de formation de l'apprenti.

• ***Un écart de réussite finale qui se réduit***

À noter que le taux de réussite aux deux examens a tendance à se rapprocher avec le temps. Sur la promotion ayant présenté un BUT GEA en 2019/2020, 77,9 % des élèves l'ont obtenu en deux ou trois ans (69,8 % au bout de la deuxième année), contre environ 75 % en 2015/2016. En 2020 toujours, le taux de réussite des candidats présentant un BTS comptabilité et gestion était de 86,3 %, contre 70 % environ en 2017.

Il y a quelques années encore, l'écart était bien plus important. Le BTS comptabilité-gestion était alors délivré à six candidats sur dix, tandis que huit étudiants sur dix obtenaient le BUT GEA. Aujourd'hui, l'écart est donc plus faible, environ 7 à 8 candidats sur 10 obtiennent leur diplôme dans les deux cas.

• ***Erreur d'orientation***

Peut-on se réorienter d'un BTS vers un BUT ou inversement ? Disons-le clairement, changer d'orientation en cours d'année ne sera pas facile, voire impossible. Il faudra la plupart du temps repartir de zéro l'année universitaire suivante.

Il existe néanmoins une formule, relativement méconnue, appelée « année spéciale » ou encore « aménagement de formation », proposée par certains IUT. Ce parcours s'adresse aux étudiants qui ont suivi deux années de BTS (avec ou sans obtention), de licence, ou une classe prépa. Sous condition de notes et de motivation, le passage du BUT est alors aménagé, concentré sur une seule année. Cette réorientation est également ouverte à ceux qui sont déjà insérés dans la vie active.

Précisons que certains établissements privés organisent des rentrées en février, par exemple, pour suivre un BTS compta-gestion. L'intensité sera là aussi au rendez-vous.

3 – École de commerce ou université ?

Quand il s'agit de faire des études longues, du master au bac+8, le choix est cornélien : école de commerce ou université ? Une affaire de contenus, mais aussi de réseaux et de coûts. D'une université ou d'une école à l'autre, les différences sont notables.

■ Les voies d'accès

Avec motivation et persévérance, tous les chemins mènent à l'université ou à l'école de commerce. Toutefois, certains sont plus longs que d'autres...

• ***Directes ou indirectes***

Si vous voulez obtenir le premier diplôme de la filière expertise comptable (DCG, bac+3), deux possibilités s'offrent à vous :

- une préparation postbac directe en trois ans à l'université, en lycée public/privé, ou en école, avec quasiment 230 établissements qui la proposent en France.
- une bifurcation après un BTS comptabilité-gestion en lycée ou un BUT GEA.

Notons alors que l'avantage de ces deux cursus est qu'ils dispensent d'une partie des épreuves du DCG. Dans le cas d'un passage par l'université, il est conseillé de choisir une licence en économie-gestion pour éviter les mauvaises surprises ensuite.

Fort logiquement, il est plus facile de commencer son cursus à l'université pour le continuer à l'université ou de le démarrer en école de commerce pour le poursuivre en école. Les établissements favorisent souvent les élèves déjà présents lors des passages d'un niveau à l'autre (la fidélité, ça paie, et pas que chez Monoprix !). Ainsi si vous passez un bachelor (bac+3) dans une école de commerce, vous aurez de grandes chances d'y être accepté en master. Tout comme pour passer en master CCA avec une licence 3 d'économie et gestion option comptabilité-contrôle-audit à la fac. Un mécanisme encore accentué par la (difficile) mise en place de la sélection universitaire en M1 depuis la rentrée 2017. Néanmoins, de nombreuses passerelles existent entre ces deux « mondes ».

Pour intégrer un master en école de commerce, il y a bien entendu l'option classes préparatoires aux grandes écoles (CPGE) qui vous est toute dédiée. Pour cela, si vous pensez au lycée public, l'enseignement y sera gratuit en saisissant ses vœux sur l'actuel Parcoursup, avec un bon dossier évidemment si vous choisissez un lycée bien classé ! En revanche, dans les établissements privés, les frais de scolarité s'étalent de 900 à 6 000 € par année de préparation. L'admission ici se fait la plupart du temps sur dossier directement auprès des établissements.

■ Master CCA

Le master comptabilité-contrôle-audit, c'est la voie universitaire pour obtenir le DSCG et donc le DEC. À ce jour, 37 universités françaises proposent un master CCA qui permet d'obtenir, avec un système d'équivalences, le DSCG (bac+5). Les plus connus sont ceux de Paris 1 Panthéon-Sorbonne, Paris Dauphine-PSL, Lyon, Aix-Marseille, Lille et Nantes.

- ***L'IAE, entre l'université et l'école de commerce***

Dans 31 universités, le master CCA est dispensé au sein non pas d'une faculté, mais d'un IAE, plus rarement baptisé EUM (École universitaire de management). Le modèle de la faculté d'économie et de gestion classique qui intègre une filière comptabilité à partir du niveau master devient de plus en plus rare. Mais à quoi ressemblent ces instituts ? direz-vous. Bien que publics, ils sont à mi-chemin entre l'école de commerce ou de management et l'université.

La sélection à l'entrée, qui se fait sur dossier puis sur entretien, est forte. En général un candidat sur dix est retenu avec une prime à celui qui est déjà dans le parcours universitaire et/ou qui présente une motivation de fer. Une sélectivité encore accrue par la mise en place de la réforme de l'admission en M1, depuis la rentrée 2017. La cohésion de classe est importante puisque le rythme est soutenu et les effectifs sont souvent réduits à une quarantaine d'élèves (250 au maximum par classe). Les IAE tendent aussi à développer leurs réseaux professionnels avec associations d'anciens élèves et forums de rencontre avec les entreprises/cabinets. Autant de traits caractéristiques d'une… école de commerce.

L'ambiance générale reste néanmoins celle d'une université.

Les masters sont toujours d'un niveau exigeant et celui de CCA ne fait pas exception à la règle. Les enseignants viennent parfois du monde de l'entreprise. À noter que tous les IAE sont adossés à des laboratoires de recherche, dont 10 unités mixtes de recherche associées au CNRS (Centre national de la recherche scientifique). Cela permet d'ouvrir bien des horizons professionnels. L'étudiant a également accès à tous les équipements habituels d'un campus : bibliothèques, restaurants Crous, salles et terrains de sport.

- ***Le contenu des cours***

De fait, un master CCA est toujours plus spécialisé que les enseignements prodigués en école de commerce. C'est le diplôme universitaire de référence pour devenir expert-comptable et commissaire aux comptes et parfois pour accéder aux métiers de cadre financier, d'auditeur interne et de contrôleur de gestion en entreprise.

Les deux années universitaires comprennent au moins un stage obligatoire. Dans certains IAE, il s'agit du second semestre du master 2, soit six mois, dans d'autres, ce sont deux périodes de trois mois, en seconde partie des master 1 et 2. Le programme des enseignements se calque au minimum sur celui des sept UE du DSCG (bac+5).

Dans le détail, cela correspond à une vingtaine de matières enseignées par an, parfois très techniques. On retrouve par exemple l'audit légal, la comptabilité des groupes ou encore le droit des sociétés en première année. Le droit fiscal international et des groupes ou le diagnostic financier approfondi, en seconde année.

« D'une certaine façon, les étudiants se spécialisent pendant leur cursus universitaire, les études d'expertise comptable permettent d'acquérir des connaissances pointues en comptabilité, mais aussi en droit, finance, contrôle de gestion, systèmes d'information », liste Christiane Föll, coresponsable du master CCA à Paris 1 Panthéon-Sorbonne.

- ***Rythme soutenu et coût modique***

Avantage non négligeable, le master CCA dispense de l'intégralité des UE du DCG et de cinq UE sur sept du DSCG, soit 18 unités d'enseignement sur 20 en tout. La charge de travail est donc répartie dans le temps, ce qui évacue une partie de la pression des examens, mais pas l'intensité de l'apprentissage.

« Est-ce que ce sont des études difficiles ? C'est soutenu, mais c'est surtout la motivation qui prime », relativise Youn Monvoisin. « Il y a du travail, mais on est bien préparé pour avoir le DSCG avec le système du diplôme universitaire, qui évite d'avoir de grosses épreuves à la fin et permet de l'obtenir en général du premier coup. Alors qu'une personne qui présente directement le DSCG doit passer toutes les épreuves en plus de sa formation », ajoute sa camarade Océane Joste. Notons que certaines universités opèrent une (nouvelle) sélection entre le master 1 et le master 2.

En matière de coûts, les IAE sont imbattables par rapport aux écoles de commerce : moins de 400 euros par an y compris la CVEC de 95 €.

- ***Insertion remarquable***

« Notre parcours est très demandé car les étudiants savent qu'il n'y aura pas d'échec ou d'abandon, sauf catastrophe. Ils sont aussi parfois motivés par la sécurité de l'emploi qu'il y a au bout », avance Lætitia Monnier-Senicourt, responsable du master CCA à l'IAE de Nantes.

Les IAE affichent, en effet, de bons chiffres d'insertion. Selon les dernières données du réseau IAE France, 83 % des diplômés trouvent un emploi dans les six mois, 93,2 % au bout de douze mois. Le salaire annuel brut à l'embauche s'établit en moyenne à 28 000 €, soit environ 2 300 € brut par mois (moyenne nationale, des écarts restent sensibles entre Paris et la province). Ceux qui débutent dans la finance, le contrôle de gestion ou l'audit touchent même un peu plus. Dans plus de la moitié des cas, les étudiants vont auréoler leur entrée dans la vie professionnelle du DEC (équivalent bac+8).

Les écoles de commerce

Les *business schools* attirent également leur public. On y passe des années un peu festives et enrichissantes avec des perspectives professionnelles intéressantes. Toutefois, toutes ne sont pas la voie royale vers l'expertise comptable.

• ***Un enseignement plus général***

En France, 34 écoles supérieures de commerce (ESC) proposent un master contrôle de gestion et finance d'entreprise. Douze d'entre elles intègrent une spécialisation en expertise comptable au sein de ce master : Audencia Nantes, EDHEC (École des hautes études commerciales), BSB (ancienne ESC Dijon), ESC Clermont-Ferrand, Pau et Toulouse, ESCP Europe (École supérieure de commerce de Paris), ESSEC (École supérieure des sciences économiques et commerciales), HEC, KEDGE Marseille, NEOMA (à Reims et à Rouen), SKEMA Lille. Comme à l'université avec le master CCA, ce parcours dédié dispense de la majorité des épreuves du DSCG.

L'enseignement est toujours plus général en école qu'en faculté, puisque la spécialisation ne s'opère qu'au cours du second semestre de la deuxième année. Les contraintes académiques étant moins fortes, l'organisation des cours va différer d'une école à l'autre. Une classification en fonction des connaissances qu'ils apportent est tout de même possible : techniques (normes d'audit, comptabilité internationale, etc.), pratiques (schémas de gouvernance des entreprises, analyse organisationnelle...) et sectorielles (BTP, industrie...).

Louise Aubrée a fait son master dans un établissement du nord de la France, l'IÉSEG (Institut d'économie scientifique et de gestion) de Lille.

> *« Avec une école de commerce, j'ai eu l'impression de moins me spécialiser qu'en école d'ingénieurs ou à l'université. Cela me paraissait assez large et je me voyais bien commerciale*

par exemple. Je ne savais pas que j'allais m'orienter en audit-contrôle-gestion, mais rapidement je me suis rendu compte que c'étaient les seules matières où ce n'était pas juste du "vent". »

« Un étudiant d'école de commerce va être formé à tous les aspects de la gestion d'entreprise. Du coup, il va moins s'orienter vers des métiers très spécialisés, mais plus sur de la gestion de projet, de la coordination », complète Florian Deroche, ancien étudiant en école de commerce.

Dans les écoles, on peut généralement compter sur un suivi individuel des étudiants avec parfois des cours de développement personnel, qu'on retrouve rarement à la fac. La pédagogie est revendiquée comme « concrète », élaborée « en partenariat » avec des cabinets, des banques, des groupes d'assurance ou de grandes entreprises.

« Dans une école de commerce, on forme des entrepreneurs, des cadres ou des indépendants nous explique Isabelle Andernack, commissaire aux comptes et professeur à BSB (Dijon). On peut parfois reprocher à nos étudiants qui sortent de la filière Audit et Expertise qu'ils sont un peu moins spécialisés techniquement... Mais bon, c'est vite oublier qu'ils sortent quand même avec leurs équivalences au DSCG et que la plupart d'entre eux iront passer les 2 UE restantes. Alors oui, ils ne connaissent probablement pas leurs numéros de comptes de TVA sur 6 positions par cœur et ne sauront pas forcément vous faire un déclaratif fiscal. Toutefois, ils auront une réelle sensibilité au management, à la direction d'entreprise et un esprit d'entreprise fort. D'ailleurs, si on est un peu honnête, l'expert-comptable ou le commissaire aux comptes, dans la vraie vie, c'est un libéral, donc un chef d'entreprise. Il ne peut pas être seulement un mémento fiscal ou social... »

- ***Réseau professionnel***

Les relations avec les entreprises sont inscrites dans les gènes des ESC. Dans la plupart des cas, elles ont été créées par les CCI (Chambres de commerce et d'industrie) locales. Les enseignants sont souvent des (ex-)professionnels, issus des cabinets ou des entreprises, qui font cours en complément de leur activité principale. On retrouve aussi des doctorants ou des agrégés, qui sont passés par l'établissement. Car choisir une école, c'est « s'acheter » un réseau, qui comprend les anciens élèves, réunis au sein de puissantes associations. Cela va de quelques milliers (6 000 à la South Champagne Business School) à des dizaines de milliers de personnes (75 000 à la KEDGE Bordeaux-Marseille). Des relations utiles le jour où l'on cherche un emploi...

La place des stages y est prépondérante. Ils sont plus longs et plus internationaux qu'à l'université. La durée minimum est en général de neuf mois, dont une période obligatoire à l'étranger.

> *« On a parfois quelques longueurs d'avance sur les stages, plaide Makram Chemangui, directeur général adjoint d'Audencia Nantes. Un étudiant d'une grande école sort avec deux années d'expérience, il est déjà dans une certaine professionnalisation. Le problème des universités, c'est l'hétérogénéité, on peut encore y trouver des étudiants qui ont un master sans jamais avoir fait un stage, car ce n'est pas obligatoire. » Les liens se tissent parfois plus étroitement. L'ESSEC, basée à Cergy-Pontoise, a par exemple lancé une chaire de Financial Reporting (« information financière ») en partenariat avec le cabinet international KPMG.*

- ***Ouverture à l'international***

L'ouverture à l'international est ancienne puisque les premières expériences ont une trentaine d'années. Les écoles affichent désormais des dizaines, voire des centaines, de partenaires à l'étranger, principalement des lieux d'enseignement dans lesquels les étudiants peuvent partir en échange. Cette période est intégrée dans le cursus, très souvent obligatoire pour une durée minimum de six mois. Il existe donc une possibilité d'obtenir des doubles diplômes français-étranger.

Certaines écoles ont même ouvert des campus en dehors de l'Hexagone. On en dénombre une vingtaine, principalement implantés en Europe de l'Ouest, en Chine et au Maghreb. D'autres préfèrent miser sur les langues, avec la moitié des cours d'audit et comptabilité prodigués en anglais. Un avantage certain face aux IAE des facultés, qui ne se sont internationalisés que récemment et n'imposent jamais de période d'études à l'étranger.

- ***Des infrastructures confortables***

Les écoles de commerce et de management ont souvent des locaux très confortables. Les professeurs disposent de bureaux individuels, les élèves de salles pour travailler en groupe, de locaux associatifs, voire des mini-salles de marchés ou d'espaces de *coworking* créatifs. Rien de comparable avec la vétusté de certains bâtiments universitaires.

Autre avantage, la vie associative y est traditionnellement très développée. Elle s'organise autour des BDE (bureaux des élèves) qui rivalisent d'ingéniosité pour organiser des événements variés : week-ends d'intégration, soirées, projets humanitaires, rencontres avec les entreprises, festivals, etc. Les budgets dont ils disposent sont parfois très importants. Il n'est pas rare que l'implication associative des élèves soit comptabilisée dans leurs notes. Certains IAE essaient de rattraper leur retard en la matière, mais le savoir-faire des ESC dans ce domaine est ancien et reconnu.

Le sentiment d'appartenance à l'école est aussi très développé, c'est ce qu'on appelle l'esprit « promo » (pour promotion) ou « corpo » (pour corporation). Il n'est pas rare de voir un étudiant avec un sweat-shirt ou un T-shirt aux couleurs de son établissement. De manière générale, on est plus proche de l'ambiance d'un campus à l'américaine, ou du moins de l'idée que l'on s'en fait.

- ***Des études chères pour être mieux payé***

Les études en école de commerce peuvent être attractives, mais il faut rappeler qu'elles sont très onéreuses. Une année coûte de 6 650 € à la Télécom École de management d'Évry à quasiment 15 600 € à l'ESSEC de Cergy-Pontoise, par exemple. La moyenne des frais de scolarité pour une année tourne autour de 10 000 €. Il faut en faire trois en venant de CPGE, deux en venant de Bachelor. Dans ce dernier cas, vous aurez probablement une ristourne si vous venez du même établissement, étant donné que les trois années de Bachelor auront déjà été payantes (on l'a déjà dit, la fidélité, ça paie). Ainsi, une année dans une ESC coûte aujourd'hui 25 fois plus cher qu'une année à l'université.

Sur le modèle des universités américaines ou britanniques, le premier emploi du diplômé servira alors, sauf exception, à rembourser le prêt contracté pour suivre ses chères études. Ce système de prêts à rembourser explique pourquoi un étudiant qui sort d'une grande école de commerce sera mieux payé qu'un diplômé d'IAE ou... d'une « petite » école de commerce. Avec un diplôme HEC ou ESSEC en poche, la fourchette des salaires à la sortie est de 42 000 à 50 000 € brut par an (3 300-4 000 € par mois, avec encore une fois des disparités entre Paris et la province). En bas de l'échelle, pour une école moins prestigieuse, il se situera entre 28 000 et 34 000 € brut par an (2 150-2 650 € par mois). À noter que ces écarts de salaires ne se résorbent que légèrement au cours de la vie professionnelle.

On parle ici évidemment de salaires moyens, toutes filières professionnelles et toutes régions géographiques confondues.

Le taux d'insertion des jeunes diplômés est excellent au sortir des ESC : 89 % des diplômés trouvent un emploi dans les quatre mois après leur sortie de l'école, selon la CGE (Conférence des grandes écoles). À noter que ces taux d'insertion sont relativement proches de ceux observés en IAE[6].

■ En lycée et ailleurs

La dernière possibilité, en matière d'études supérieures de compta-gestion, est de choisir un lycée public ou privé, une école, un IUT rattaché à une université, etc. Attention, il s'agit dans ce cas d'une sorte de classe préparatoire au DSCG (bac+5), mais en rien d'une formation diplômante en tant que telle. La préparation est proche de celle que proposent ces établissements pour le DCG (bac+3).

- ***Bachotage avant tout***

Un parcours avec moins de contraintes pédagogiques car sans délivrance de licence ou de master à son terme. Il s'agit de classes préparatoires au DSCG. Sont ainsi travaillées tout au long de l'année les épreuves obligatoires à passer au printemps pour l'obtenir (sept obligatoires plus une facultative). Le bachotage est donc de mise, plus que la compréhension transversale d'une discipline. La motivation et l'organisation personnelle sont indispensables pour réussir, car l'encadrement n'a rien à voir avec celui d'une université ou d'une ESC.

---

6. https://www.cge.asso.fr/liste-actualites/publication-de-lenquete-insertion-cge-2021/

- ***Des lieux hétérogènes***

De nombreux établissements proposent cette préparation. Cela peut aller du lycée de quartier jusqu'à l'enseignement à distance (comme le CNAM) en passant par une école payante ou un IUT. Ils ne sont pas loin de 90 en France, essentiellement concentrés à Paris et ses alentours. Certaines régions, comme la Corse ou la Normandie, ne proposent qu'un seul lieu d'enseignement. Il peut donc être difficile de trouver chaussure à son pied. Dans deux tiers des cas, ces établissements sont privés. Pour vous y retrouver, le ministère de l'Enseignement supérieur et de la Recherche met à jour, tous les ans, la liste des lycées autorisés à préparer au diplôme[7].

Comme pour la préparation au DCG, les écarts de coûts sur une année sont considérables. Si vous envisagez un lycée public, l'enseignement est gratuit. *A contrario*, dans le privé, les frais de scolarité vont de 900 à 6 000 €.

4 – Quelles sont les spécificités de chaque diplôme ?

Avec l'allongement progressif des études, ces trois diplômes d'État sont devenus la colonne vertébrale du cursus en comptabilité. Les deux premiers constituent le socle théorique, le troisième l'apprentissage pratique.

---

7. https://data.enseignementsup-recherche.gouv.fr/explore/dataset/fr-esr-principaux-etablissements-enseignement-superieur/table/?disjunctive.type_d_etablissement&disjunctive.typologie_d_universites_et_assimiles

LE DCG

Le DCG est la première étape diplômante du parcours, accordant le grade licence (bac+3). Il porte sur les connaissances fondamentales du domaine. C'est la clé d'entrée dans le monde professionnel.

• ***Des épreuves homogènes...***

L'examen lui-même, réformé en 2020, est constitué de 12 épreuves écrites, d'une épreuve orale (relations professionnelles) et d'une épreuve facultative (seconde langue étrangère : allemand, espagnol ou italien), étalées sur une petite dizaine de jours. Toutes ces matières techniques doivent être maîtrisées pour permettre à l'apprenant d'avoir une vision globale de l'entreprise. On peut classer les matières ou unités d'enseignement (UE) en quatre grandes catégories : le droit des affaires, l'analyse économique et managériale, la gestion comptable et financière, et la communication et l'environnement numérique.

Depuis la réforme de 2020, il n'y a plus de coefficient, toutes les épreuves ont donc le même poids. Le temps des épreuves écrites est, lui aussi, quasiment toujours le même, entre trois et quatre heures. La seule exception est l'oral qui dure une heure au maximum. Il s'agit de la soutenance d'un rapport de stage qui fait suite à un stage d'au moins huit semaines en entreprise ou en cabinet.

On obtient le DCG si la moyenne générale finale de l'ensemble des épreuves est égale ou supérieure à 10 sur 20. Les notes supérieures à 10 sont automatiquement conservées pendant 8 sessions afin de pouvoir jouer dans une compensation. Les notes comprises entre 6 et 10 sur 20 peuvent être ou non conservées par le candidat pour une compensation ultérieure. Attention, les notes inférieures à 6 sur 20 sont éliminatoires (elles ne peuvent pas être compensées) et ne sont donc pas conservées.

Vous l'aurez compris, le DCG est difficile de par la variété et la technicité des connaissances qu'il implique. C'est l'examen le plus scolaire des trois, qui demande en général d'être passé sur deux sessions au minimum. On ne peut pas faire d'impasse, tant les crédits que l'on gagne à chaque épreuve sont proches.

- ***... mais étalées dans le temps***

N'importe quel titulaire d'un baccalauréat, ou d'un diplôme équivalent (étranger par exemple), peut passer le DCG. Une session est organisée chaque année dans les centres d'examens. Les inscriptions s'effectuent entre début janvier et début février pour des épreuves qui ont lieu de mai à juin.

L'examen coûte au minimum 286 € (22 € par épreuve). Les résultats sont communiqués en septembre.

La particularité du diplôme est que chaque UE est indépendante des autres. Une épreuve peut être réussie et la note conservée sans limitation de durée. Pour éviter la surchauffe, les lycées qui préparent au DCG étalent donc sur trois ans le passage des épreuves, à raison de quatre ou cinq chaque printemps.

> *« Cette filière fonctionne comme une prépa, à l'exception près que les étudiants n'ont pas à passer les interrogations orales hebdomadaires. Toutefois, chaque semaine, nous passions au moins un examen écrit », relate Lucile Amiot, qui s'est préparée dans un lycée de Belfort. Un entraînement épreuve par épreuve qui fait grimper le nombre de diplômés affiché par les établissements.*

- ***Des taux de réussite faibles***

Cependant, le niveau de réussite au DCG est traditionnellement très faible. En général, un candidat sur trois l'obtient. Difficile de donner un taux précis pour une année tant le passage des épreuves est souvent étalé dans le temps. En 2020, on a compté 3 896 admis contre 4 060 l'année précédente (année de transition d'une part et exceptionnelle en raison du confinement et de l'utilisation du contrôle continu). Le taux de réussite affiché nous montre bien le caractère discriminant fort du diplôme par rapport aux BTS et BUT de la filière.

Certaines épreuves très techniques, comme le droit social (27,8 % de notes au-dessus de la moyenne en 2020), la comptabilité approfondie (27,8 %) ou le contrôle de gestion (25,2 %), sont source d'échecs à répétition. D'autres, plus générales, comme l'oral de soutenance du stage appelé relations professionnelles ou l'épreuve facultative de langue (respectivement 68 % et 72 %), sont la plupart du temps un succès[8].

Le taux de réussite affiché par les lycées qui proposent de préparer aux épreuves est bien meilleur, entre 75 et 95 % généralement. Preuve que c'est avant tout une question d'organisation...

Si vous avez obtenu un BTS ou un BUT compta-gestion (équivalent bac+2), vous serez dispensé de quasiment la moitié des 13 épreuves du DCG. Il est donc plus que conseillé de candidater à ce diplôme après une préparation dans un établissement dédié.

- ***L'assurance de trouver un emploi***

Bien sûr, il existe des préparations plus courtes, « mais le DCG est de plus en plus la norme pour entrer sur le marché du travail », pour reprendre les termes employés par Johnny Schwertzig. La disparition des bac et BEP compta a entraîné un allongement des études, nous

8. Les statistiques épreuve par épreuve depuis 2017 sont consultables ici, https://siec.education.fr/mes-outils/docutheque-131/dcg-dscg-rapports-de-jury.html

l'avons vu. Le DCG convient dès lors parfaitement car c'est un équivalent bac+3 qui confère automatiquement le grade licence.

> *« On a de la chance dans la comptabilité poursuit M. Schwertzig car, honnêtement, avec un DCG, il est relativement simple de trouver un emploi, surtout si on a un cursus bien borné avec de nombreux stages. Entre les aspects stressants du secteur et les salariés qui partent à la retraite, il y a une demande de main-d'œuvre dans une large palette de secteurs : dans les entreprises, le domaine public, l'associatif ou les cabinets. »*

On peut ainsi devenir comptable en entreprise, contrôleur de gestion junior ou assistant d'un cabinet d'expertise ou d'audit, etc. Avec des salaires convenables à partir de 18 000 € et jusqu'à 27 000 € brut annuel après quelques années – soit 1 600 à 2 250 € brut par mois. Le DCG peut également être une première étape fondamentale avant une poursuite des études.

■ LE DSCG

Avec des épreuves en nombre restreint, des dispenses courantes, mais un niveau de difficulté qui ne fléchit pas, le DSCG est la deuxième étape diplômante du parcours. Il confère un grade master (bac+5).

• *Des épreuves bien identifiées*

Le lien entre DCG et DSCG, malgré des changements d'appellation des deux diplômes, est désormais bien installé dans le paysage. Fini les grands domaines d'études, place à l'approfondissement des apprentissages. Le DSCG présente cinq épreuves écrites : gestion juridique, fiscale et sociale ; finance ; management et contrôle de gestion ; comptabilité et audit ; management des systèmes d'information.

Il faut ajouter encore deux épreuves orales : les « Relations professionnelles », qui riment toujours avec la soutenance d'un mémoire de stage (mais qui s'étale cette fois-ci sur une durée minimum de douze semaines) et un oral d'économie, réalisé au moins partiellement en anglais.

Une dernière épreuve est possible, facultative comme au DCG, il s'agit d'un oral de langue au choix du candidat : allemand, espagnol ou italien.

- ***L'homogénéité, toujours au rendez-vous***

Difficile de dégager des matières mineures ou majeures tant les coefficients sont proches (entre 1 et 1,5). Encore une fois, il est impossible de faire l'impasse.

Le DSCG s'obtient à condition d'avoir au minimum 10 sur 20 de moyenne générale sur l'ensemble des épreuves, sans note inférieure à 6.

Le DSCG est obtenu si la moyenne générale est égale ou supérieure à 10 sur 20 sur l'ensemble des épreuves. Les notes comprises entre 6 et 10 sur 20 peuvent être conservées par le candidat pour une compensation ultérieure, pendant 8 sessions (avant 2019, le report n'était pas limité). La tendance est au passage de tout l'examen sur une session, malgré de possibles « rattrapages » l'année suivante.

- ***Dispenses en série***

Une session est organisée chaque année pour cet examen national. Les inscriptions s'effectuent en avril-mai pour des examens qui ont lieu en octobre-novembre. Les résultats sont, eux, communiqués en fin d'année, vers décembre. Là encore, ce n'est pas gratuit, il faut payer un montant de 210 € au moment de l'enregistrement de la candidature si vous présentez toutes les épreuves (30 € par épreuve)[9].

---

9. Les modalités précises du DSCG sont disponibles en ligne, www.siec.education.fr/votre-examen/dcg- dscg/s-inscrire

L'accès à l'examen du DSCG est plus restreint que celui du DCG car il faut justifier de l'obtention du DCG ou bien de son ancêtre, le DECF (diplôme d'études comptables et financières) ou enfin d'un diplôme de grade master en France ou dans l'Union européenne. Ainsi, du DCG au DSCG, avoir suivi une filière de comptabilité-gestion n'est donc pas du tout obligatoire pour candidater, c'est le suivi d'études jusqu'à un niveau bac+5 qui importe.

Mais vous l'aurez bien compris, il est fortement conseillé d'aller dans un établissement qui offre un cursus dédié. Si vous suivez un master CCA à l'université ou une spécialisation audit et expertise comptable en ESC, vous êtes dispensé jusqu'à cinq des sept épreuves obligatoires du DSCG ! Dans ce cas, la logique du contrôle continu se substitue à celle de l'examen final.

> *« Avec les équivalences, il y a toujours du travail à fournir, mais on est bien aidé par le système universitaire pour le décrocher en une seule fois, reprend Océane Joste, alors qu'une personne qui passe directement le diplôme doit, elle, passer toutes les grosses épreuves d'un coup. »*

Une situation bien moins confortable, surtout si l'on remarque que même avec les dispenses obtenues, 100 % des étudiants sortant de CCA ou d'ESC ne transforment pas forcément l'essai. Certains échouent, d'autres se démotivent et ne présentent même pas l'examen, comme en témoignent les taux de présence aux épreuves qui oscillent entre 75 % et 96 % en 2021. C'est probablement une erreur car avec seulement deux épreuves, et des droits d'inscription relativement faibles, ça se tente !

- ***Réussite famélique***

Comme pour le DCG, on ne peut donner un taux de réussite général pour une année car le passage des épreuves est dispersé. On peut cependant estimer qu'un candidat sur cinq l'obtient au final. On recense 2 528 admis pour la session de 2021. C'est un nombre en hausse depuis les dix dernières années car on comptait seulement 1 213 diplômés en 2009 et 1 631 en 2010. La hantise des étudiants reste l'écrit de gestion juridique, sociale et fiscale (35 % de réussite en 2021) ainsi que la comptabilité approfondie (22,4 % de réussite en 2021), tandis que l'oral de relations professionnelles est la plupart du temps synonyme de succès (70 % en 2021).

La difficulté du DSCG peut devenir décourageante pour certains, en moyenne un quart des candidats inscrits ne se présentent pas dans la salle d'examen le jour d'une épreuve. Il est donc vivement conseillé de le préparer par le biais d'une université, d'une école ou d'un lycée, où le taux de réussite est en général de 60 à 80 %, plutôt qu'en candidat libre[10].

> *« Que cela serve ou non, il vaut mieux réussir ce diplôme tant que l'on est étudiant. En cabinet, on voit toujours des collaborateurs ou des managers qui, l'ayant raté, peinent à évoluer professionnellement. Ils se cassent les dents sur les épreuves en candidat libre car ils sont pris dans le quotidien, les dossiers, la famille, les enfants », conclut Lætitia Monnier-Senicourt, ancienne d'EY, désormais enseignante et responsable master CCA à Nantes.*

- ***Expérience requise pour travailler***

Le DSCG confère automatiquement le grade master. On peut donc entrer sur le marché du travail comme responsable comptable, responsable administratif et financier ou contrôleur de gestion dans une entreprise ; en tant qu'auditeur chargé de clientèle en cabinet. La fourchette de salaires se situe entre 25 000 et 36 000 € brut par an (2 100-3 000 € brut par mois), suivant les cabinets, la région et les diplômes autres que le DSCG.

10. https://siec.education.fr/mes-outils/docutheque-131/dcg-dscg-rapports-de-jury.html

À ce niveau de compétence et de salaire, les employeurs sont aussi plus regardants sur le CV. Dans la majorité des annonces d'emploi, une expérience en cabinet est « appréciée », traduction « nécessaire ».

« À un moment on se dit : "je passe tout un tas d'échelons, ça n'est pas pour m'arrêter là !" Quel est l'intérêt de passer le DSCG, si c'est pour ne pas s'inscrire au DEC ? Si on n'en a pas envie, c'est peut-être qu'on s'est trompé d'orientation », estime Florian Margry, qui l'a obtenu il y a quelques années. Situé un cran au-dessus, ce dernier diplôme consiste en un stage de trois années, qui est en fait une véritable entrée et formation dans la vie active.

■ LE DEC

Le DEC (équivalent bac+8) sanctionne la fin de trois années de stage en expertise comptable. Un sésame prestigieux pour s'installer à son compte ou devenir associé dans un cabinet. Pourtant, il reste encore quelques obstacles à surmonter.

- ***Un expert-comptable junior plutôt qu'un stagiaire***

L'utilisation du terme « stage » est trompeuse. Il n'a rien à voir avec ceux effectués dans le cadre d'un BTS, d'un BUT, d'une licence ou d'un master, qui sont rémunérés *a minima* 3,90 € de l'heure (soit 591 € par mois environ) au-delà de deux mois. Le stage d'expert-comptable est en réalité une entrée dans la vie professionnelle mâtinée d'un apprentissage progressif. À l'image de l'interne en médecine, le « stagiaire »[11] est en cours d'autonomisation et partage déjà une vraie responsabilité professionnelle au sein d'un cabinet ou d'une entreprise. Le contrat

11. Cette dénomination ayant entamé une réflexion, l'OEC a décidé au cours de l'été 2022 de faire évoluer le nom « expert-comptable stagiaire » vers « expert-comptable mémorialiste ».

de travail est « standard » et la supervision opérée par un « maître de stage » au sein du cabinet (souvent un associé) et un « contrôleur du stage », qui suit le stagiaire tout au long des trois ans.

« Le contrôleur est un expert-comptable inscrit à l'ordre régional, mais extérieur au cabinet du stagiaire. Il est là pour suivre le déroulé du stage, l'évolution du stagiaire et surtout pour permettre au stagiaire d'avoir des échanges plus libres que ceux qu'il pourrait avoir avec son maître stage qui est souvent son patron » nous explique Corinne Luigi, chargée de la formation au sein de l'Ordre régional de Bourgogne-Franche-Comté.

Le stagiaire est donc salarié du cabinet, le plus souvent en CDI, et réalise ses missions comme n'importe quel autre auditeur ou responsable client. La rémunération du stagiaire coïncide donc avec celle d'un bac+5 dans le secteur de la comptabilité et de l'audit : 30 000 à 37 000 € brut par an (2 500-3 000 € brut par mois), même si elle varie nettement suivant le lieu géographique, le diplôme de l'entrant et/ou la taille du cabinet. Pour le cabinet employeur, s'ajoute à sa rémunération le coût de la formation du stagiaire, auprès de l'Ordre des experts-comptables de sa région, environ 3 000 à 4 000 € par an.

« Le stage c'est le premier niveau d'intégration dans la profession », continue Corinne Luigi. En effet, lorsque le stagiaire s'inscrit au stage d'expertise comptable, il est automatiquement inscrit au tableau de l'Ordre de sa région. Pour cela, il faut montrer patte blanche : casier judiciaire, situation fiscale, mieux vaut être en règle, comme nous le montre le cas de Lucas Raillard : « Mon inscription au stage avait été retardée de presque un an lorsque je suis entré dans mon cabinet en 2018. L'administration fiscale avait bloqué mon dossier pour une taxe foncière non réglée depuis 2017… il s'agissait d'un bien immobilier tombé en indivision avec des cousins à la suite

d'une succession d'un oncle. Le notaire n'avait pas dû payer la taxe foncière avec les comptes sous séquestre et comme j'étais le premier nom dans l'indivision, je suis ressorti comme en irrégularité auprès du fisc ! »

Au cours des trois années de stage, le stagiaire bénéficie avant tout de formations techniques, déontologiques, commerciales et même de développement personnel… Les trois années sont ponctuées de rendez-vous avec le maître de stage et le contrôleur ainsi que par des rapports semestriels à produire. Suivant les régions et les ordres régionaux, les stagiaires bénéficient d'un suivi plus ou moins régulier. En effet, dans les grandes villes comme Paris, Lyon ou Marseille, au vu de la masse des stagiaires sur la région, le suivi ne peut être aussi personnalisé que dans une région plus petite. « On connaît tous les stagiaires par leur prénom, on sait dans quel cabinet chacun travaille », nous explique Corinne Luigi.

Au-delà de la formation, l'aspect important lors de ces trois années, c'est l'intégration au sein de la profession. Dès la première année, les stagiaires participent aux formations qui réunissent tous les stagiaires de la région et également à certains événements institutionnels.

« Là encore, suivant les régions et les ordres, les stagiaires sont plus ou moins intégrés, continue Corinne Luigi. À l'Ordre de Bourgogne-Franche-Comté, les élus ont une réelle volonté d'intégrer le plus possible les stagiaires. On essaie de créer chaque année une vraie promotion. Les formations sont en temps normaux toutes dispensées en présence dans les locaux de l'Ordre. Certaines sont sous forme de séminaires décentralisés, sur deux jours et regroupent deux années de "promotion" différentes. Cela permet de créer des relations entre les futurs confrères. Les stagiaires sont aussi régulièrement invités à des événements

institutionnels, que ce soit de l'Ordre des experts-comptables ou de la Compagnie régionale des commissaires aux comptes. »

Indirectement Lucas Raillard conforte ce témoignage en nous indiquant : « Lorsque vous faites votre stage à Paris, vous avez certains avantages liés aux grands cabinets, aux missions et aux postes qu'on peut vous confier plus vite, à l'évolution… mais lorsque vous le réalisez en province votre avantage c'est d'avoir un vrai suivi pour vous intégrer à la profession et préparer le diplôme. »

C'est d'ailleurs la dynamique qu'Éric Corret, président de l'Ordre des experts-comptables de Bourgogne-Franche-Comté souhaite conforter dans sa région : « L'expertise comptable est un métier passionnant présentant des opportunités de carrière de plus en plus nombreuses et attrayantes. Aussi, il est essentiel pour nous d'accueillir de nouveaux experts-comptables stagiaires car nous savons que chacun peut y trouver la possibilité de s'épanouir tout au long de sa vie professionnelle, quelles que soient leurs aspirations géographiques. C'est la raison pour laquelle, en Bourgogne-Franche-Comté, nous sommes tout particulièrement motivés pour accompagner nos experts-comptables stagiaires afin qu'ils réussissent leur cursus. »

- ***Deux devoirs et un mémoire***

L'accès aux épreuves du DEC est très limité, puisqu'on doit justifier de l'obtention du diplôme précédent : le DSCG, ou de ses ancêtres DESCF et DECF. Il faut obligatoirement avoir en sa possession l'attestation de fin de stage d'expertise comptable, délivrée par les antennes régionales de l'OEC. Une fois obtenu après les trois ans de stage, ce document est valable six ans à compter de sa délivrance. Il n'y a plus de passerelles ou de dispenses possibles pour rentrer « dans les ordres ».

Deux sessions d'épreuves sont organisées chaque année, une en mai, l'autre en novembre. Les inscriptions sont ouvertes quatre mois avant, soit en janvier-février dans un cas, en juillet-août dans l'autre. Les résultats sont communiqués au bout de deux mois. Le coût total est de 150 €, soit 50 € par épreuve.

Une première épreuve basée sur la déontologie de la profession est une série de questions de type questionnaire à choix multiple ou questions à réponse courte. La durée de cette première épreuve est d'une heure pour un coefficient 1. La deuxième épreuve, appelée couramment « révision légale », est un cas pratique à résoudre dans le domaine de la révision légale et contractuelle des comptes. L'épreuve dure là quatre heures pour un coefficient 3. La dernière épreuve, la plus redoutée des stagiaires, est le mémoire. C'est donc une épreuve orale d'une heure de soutenance d'un mémoire professionnel préalablement écrit et ayant trait à l'une ou plusieurs des activités relevant de l'expertise comptable ou du commissariat aux comptes (coefficient 4). « C'est quasiment une thèse, cela prend du temps et on doit apporter quelque chose à la profession », souligne Pierre-Camille Morognier.

Pour obtenir le DEC, il faut obtenir un minimum de 10 sur 20 de moyenne sur l'ensemble des épreuves. Les notes des écrits en dessous de 6/20 sont éliminatoires, celles en dessous de 10/20 pour le mémoire également. En cas d'échec, les notes supérieures à 10 sont conservables pour les 8 semaines ultérieures.

Pas forcément facile de réussir alors qu'on est dans le même temps aspiré par la vie professionnelle. C'est ce que souligne Magalie Giroire, aujourd'hui experte-comptable :

> *« Ce sont des études difficiles car elles demandent beaucoup d'investissement surtout quand on cumule stage, rapports*

semestriels, écrits du DEC et mémoire. Je pense que sans le soutien d'un environnement familial et personnel, cela peut même être très dur. »

- ***Un succès dans deux tiers des cas***

À l'inverse des autres diplômes supérieurs en comptabilité, les chances de succès au DEC varient entre 64,5 % et 74 % sur les dix dernières sessions du DEC (mai 2016 à novembre 2021). À la dernière session d'examen disponible, en novembre 2021, le taux de réussite s'élève à 70,5 %.

« Une session normale concerne environ 500 personnes, indique Martial Chadefaux, président du jury du DEC depuis 2010, sauf exception comme en novembre 2020 où nous avions dû réaliser une session unique et exceptionnelle de plus de 1 000 candidats en raison de la crise sanitaire. »

Point important, même si c'est un équivalent bac+8, il ne confère pas le grade de doctorat.

La réussite relativement élevée à cet examen national s'explique par un accès restreint à des candidats déjà intelligemment insérés dans le champ professionnel de l'expertise comptable. Généralement, les employeurs sont conciliants sur la préparation des épreuves finales.

« Chez EY [Ernst & Young], on nous accordait même des semaines de vacances pour bûcher et passer le diplôme », se souvient Lætitia Monnier-Senicourt.

- ***Prestigieux, mais pas toujours nécessaire***

L'obtention du DEC confère un certain prestige. Les diplômés doivent dans la foulée s'inscrire à l'OEC et prêter serment pour exercer la profession en qualité d'expert-comptable. Ils peuvent également intégrer une branche de la CNCC (Compagnie nationale des commissaires aux comptes), afin de pouvoir travailler comme commissaire aux comptes et superviser des audits. Mais il n'est pas indispensable.

En effet, le DEC vous permettra de vous inscrire à l'Ordre des experts-comptables ou à la Compagnie des commissaires aux comptes. C'est indispensable pour pouvoir signer les comptes et exercer en libéral. Toutefois, pour faire carrière dans la branche conseil, que ce soit chez EY, PwC ou un autre *Big Four*, il n'est pas indispensable.

Argument imparable cependant : la progression professionnelle se fait sans accroc pour le titulaire d'un tel diplôme. Avec trois ans d'expérience engrangée, vous êtes de fait déjà dans la vie active. Mais avec le DEC vous pouvez dorénavant devenir associé ou tenter l'aventure en montant votre propre affaire. Les portes du monde de l'entreprise sont aussi grandes ouvertes – même si seulement un diplômé sur dix s'y aventure – particulièrement au niveau des directions financières. Les salaires varient nettement suivant la région et la taille du cabinet. On peut cependant estimer qu'un expert-comptable fraîchement diplômé va gagner de 45 000 à 60 000 € brut par an (3 800-5 500 € brut par mois).

5 – Quels sont les conseils pour décrocher un stage dans un (grand) cabinet ?

Le stage obligatoire, on le retrouve à des durées variables, à tous les niveaux d'études en comptabilité et gestion. Du premier échelon en BTS, juste après le baccalauréat, jusqu'en haut de l'échelle avec le DEC (bac+8). Dès lors, comment faire pour décrocher le stage qui fera la différence ?

Des stages à foison

Une simple recherche sur le site Internet dédié de l'OEC[12] fait apparaître des centaines d'offres de stage en France aux deux tiers publiées par des entreprises et au tiers restant par des cabinets.

• ***Tous les niveaux concernés***

Un stage d'initiation obligatoire de huit à seize semaines au lycée (BTS). Une période de stage en IUT, elle aussi indispensable pour une durée minimum de dix semaines. Six mois dans le cadre d'un master CCA à l'université, au moins autant dans une école supérieure de commerce avant un bac+5. Quelle que soit la voie empruntée, courte ou longue, la compta-gestion est une filière de praticiens, qui inclut de nombreux stages.

Dans d'autres secteurs, trouver une structure accueillante relève du chemin de croix – avec pléthore de mails envoyés et/ou de coups de fil passés. Dans les services financiers des entreprises ou les cabinets d'audit et d'expertise comptable c'est plus simple. Il faut bien sûr user de sa boîte mail et de son téléphone, mais surtout s'appuyer sur son réseau.

• ***Une certaine facilité pour en trouver***

Aucun des élèves et professeurs interrogés n'a fait état d'une difficulté à trouver un stage après le niveau licence (bac+3).

« Les étudiants qui arrivent en septembre en master ont tous leur stage de second semestre planifié. Notre chance, c'est qu'il y a la période fiscale de janvier jusqu'à avril-mai, donc le besoin de main-d'œuvre en cabinet et en direction financière est énorme », entérine Lætitia Monnier-Senicourt de l'université de Nantes. Dans cette quête, maîtriser l'anglais est un plus.

---

12. https://www.experts-comptables.fr/hubemploi

« Il n'y a aucun problème à trouver un stage dans un grand cabinet pour un diplômé justifiant d'une bonne pratique de l'anglais », complète sa collègue de Paris 1 Panthéon-Sorbonne, Christiane Föll.

- ***Faire marcher le réseau***

Sur le modèle de ce qui se pratique depuis longtemps en école de commerce, les universités systématisent les forums (« Tremplin emploi », « Têtes de l'emploi », « Forum IAE »...) pour provoquer des rencontres entre étudiants et cabinets/entreprises de la région. Allez-y, c'est une valeur sûre. Les IUT bénéficient également de ces événements puisqu'ils se déroulent sur les campus.

Dans les écoles comme à l'université, les professeurs sont majoritairement d'actuels ou d'anciens professionnels du secteur. Un avantage certain, pour Aurèle Antelme, ex-élève de l'EDHEC (Paris) :

« Lors de mon année de stages, j'en ai effectué trois sur quatre dans le secteur bancaire. Certains ont été trouvés grâce à des amis, d'autres par les professeurs de l'école. C'est toujours des périodes de stress, mais finalement tous les élèves de mon année ont trouvé des stages. »

Le dynamisme des réseaux d'anciens élèves des business schools – de quelques milliers à des dizaines de milliers de membres – apparaît comme un plus.

- ***Quelques conseils***

Finalement les plus mal lotis sont peut-être les étudiants en BTS CGO (comptabilité et gestion des organisations) en lycée. À ce niveau, les candidats à un stage s'alignent toujours plus nombreux que les offres, notamment en raison d'un calendrier parfois peu compatible avec les plannings des cabinets. Certains conseils de base, valables pour tout le monde, sont donc bons à rappeler.

Toujours s'y prendre tôt, c'est-à-dire plusieurs mois avant le début effectif du stage. Cela permet à votre demande d'arriver en haut de la pile et au recruteur de se souvenir de vous en cas de nouvelle sollicitation. Choisissez des pages ou des sites spécialisés et ciblez bien les annonces en fonction du poste recherché (comptable ou expert-comptable ?) ou de la structure convoitée (grand cabinet ou PME de ma région) ?

Préférez la qualité à la quantité. La personnalisation des demandes, le contact humain, sont indispensables tout comme la clarté de votre requête. Enfin, faites marcher votre réseau personnel, vous verrez qu'on a toujours un comptable dans son entourage...

■ Les stages offrent une première expérience

Soutenance de mémoire, oral de « relations professionnelles », rapport, etc. Ces stages ont d'une manière ou d'une autre une finalité académique, incluant une note. Mais ils sont surtout importants pour votre insertion professionnelle.

• ***Multiplier les expériences variées***

L'objectif pour le stagiaire est de se découvrir professionnellement, en parallèle de ses cours théoriques, et non de faire de la « performance » à tout prix ! Et pour emmagasiner de l'expérience, rien de mieux que de varier les plaisirs, comme l'a fait Marylise Ahiboh :

> *« Mon premier stage, je l'ai effectué au siège social d'une banque, c'était donc vraiment de la comptabilité bancaire avec de la gestion de comptes clients. En licence 3 et en master 1, je suis allée dans un cabinet d'expertise comptable de taille*

moyenne, où j'ai fait de la compta client et du suivi de dossiers. En master 2, j'ai intégré un cabinet d'audit spécialisé qui ne s'occupe pas d'entreprises, mais d'associations et de syndicats. »

Faire des erreurs est salutaire, cela permet d'affiner ses envies professionnelles et donc ses choix d'études. Florian Deroche a tergiversé avant de devenir analyste financier :

« J'avais effectué un stage en audit externe chez PwC, ce qui m'avait moyennement plu. J'ai donc essayé l'audit interne dans une banque, au Crédit agricole, pendant deux ans, ce qui était différent et plus intéressant pour moi. »

Un stage dans un grand cabinet à Paris n'apparaît pas comme un passage obligé. Certains vont préférer des PME ou des petits cabinets d'expertise comptable, pour être plus proches du client. Tout dépend de ce que l'on souhaite faire ou ne pas faire ensuite. L'exercice de la profession chez KPMG à Paris en tant qu'auditeur financier n'a pas grand-chose à voir avec un portefeuille d'expertise comptable dans un cabinet indépendant à Cannes. Le stage peut souvent conduire à une proposition d'embauche, après le diplôme.

• ***Un futur recrutement ?***

Dans les grands cabinets, il n'est pas rare de voir de 10 à 12 stagiaires arriver dans chaque service tous les ans. Une manière pour ces *Big* de prérecruter de futurs collaborateurs, en évitant les mauvaises surprises.

« On mise sur eux en se disant que ce sont des profils intéressants sans être encore pleinement opérationnels, explique Florian Margry de chez EY. Dans les faits, si le stage se passe bien, il y a 70 % de chances d'avoir une offre d'emploi à l'arrivée.

Comme le turnover est très important – les gens restent deux/ trois ans –, il faut renouveler sans cesse le bas de la pyramide. »

Attention cependant, ne pas avoir de proposition d'embauche au bout d'un stage ne rime pas non plus avec échec. Dans ce cas, il faut surtout veiller à demander une lettre de recommandation à son tuteur.

6 – L'alternance: est-ce un bon choix ?

Se former en compta-gestion, c'est obligatoirement expérimenter le(s) stage(s), nous l'avons vu. Dans ces conditions, choisir de suivre ses études en alternance, est-ce un choix judicieux ?

■ Une réflexion à avoir

L'alternance se construit sur le principe d'une phase pratique, en entreprise, alliée à une phase théorique, à l'école, qui se suivent de façon régulière. Plébiscitée dans certains secteurs (BTP, hôtellerie-restauration, transports, commerces), on peut opter pour ce système de formation, mais après mûre réflexion en comptabilité-gestion.

• *Apprentissage ou professionnalisation*

Avant toute chose, **distinguons le contrat d'apprentissage du contrat de professionnalisation**.

L'apprentissage, établi depuis longtemps, est normalement destiné aux jeunes de 16 à 25 ans, dure deux ans et débouche sur un diplôme d'État (en compta-gestion : BTS, BUT, licence, master). À titre expérimental, certaines régions repoussent l'âge maximum à 30 ans. Pour une formation initiale, c'est le type de contrat le plus pertinent. Cerise sur le gâteau, les salaires d'un apprenti sont exonérés d'impôt jusqu'à 18 760 € (année de revenu 2021). Ainsi, vous ne déclarez un revenu qu'au-dessus de ce seuil, que vous soyez rattaché au foyer fiscal de vos parents (ils apprécieront) ou pas.

Le contrat de professionnalisation, plus récent et qualifiant, atteste que l'on a acquis une compétence professionnelle sur six mois à deux ans, sans diplôme à la clé. Il s'adresse non seulement aux personnes âgées de 16 à 25 ans, mais aussi aux demandeurs d'emploi et aux bénéficiaires de nombreuses prestations sociales comme le RSA (revenu de solidarité active) ou l'AAH (allocation aux adultes handicapés). Pour une reconversion professionnelle, c'est le choix le plus indiqué. Pas d'exonération fiscale du revenu dans ce cas (la vie n'est pas toujours un long fleuve tranquille).

Le temps de formation total est incomparable. Il s'étale au minimum sur quatre cents heures en contrat d'apprentissage contre cent cinquante heures en contrat de professionnalisation. Les rémunérations non plus. De 25 à 78 % du SMIC suivant l'âge de l'apprenant et l'année en apprentissage. De 55 à 100 % du SMIC et au-delà en professionnalisation, sur la base de l'âge du bénéficiaire et de son niveau de diplôme initial. Contractuellement, l'alternance peut se signer en CDD ou en CDI.

• ***Taillé pour les formations courtes***

Sur près de 500 établissements proposant un BTS CGO (comptabilité et gestion des organisations, 82 intègrent une formation en apprentissage. 19 IUT sur 89 offrent cette possibilité en BUT GEA (gestion des entreprises et des administrations). Jusqu'au niveau bac+3, correspondant au DCG, alterner école, lycée ou IUT et entreprise ou cabinet peut s'avérer un choix intéressant dans l'optique de devenir comptable dans une PME ou assistant dans un cabinet d'expertise par exemple.

Jean-Louis Pouxritikoff, longtemps responsable de l'alternance à l'ENGDE, en convient.

« Comme on est dans l'enseignement supérieur technique, ces diplômes obligent à des périodes minimums de stages. Cela se prête bien à une formation en alternance qui permet au jeune d'exercer plusieurs métiers dans une même entreprise : l'un peut être à la compta, l'autre à la "consolidation", un troisième à l'audit interne. Cela sert à ouvrir les esprits, car certains sont freinés par l'impression qu'il n'y a que l'expertise comptable comme débouché possible. »

Le côté très théorique des cours, avec des exercices en série, peut en rebuter plus d'un. L'alternance avec sa coloration très pratique devient à l'inverse un moyen de rendre la compta-gestion très concrète. De plus, le mémoire ou rapport de « relations professionnelles » soutenu à l'oral pour un DCG sera toujours amélioré par une expérience de terrain prolongée.

■ À éviter à partir du master

Ces avantages liés à l'alternance s'effacent à partir du niveau master, pour un cursus long vers l'expertise comptable ou l'audit.

- ***Tâches répétitives***

Christiane Föll, de l'université Paris 1 Panthéon-Sorbonne, l'affirme clairement :

« Comme les étudiants effectuent de nombreux stages pendant leur cursus, l'alternance n'apporte pas un avantage spécifique par rapport à la formation initiale. Durant la "période fiscale", c'est-à-dire de haute activité, les étudiants-stagiaires sont en cabinet. Ils effectuent les mêmes travaux qu'un assistant débutant. »

Le contrat d'alternance engage, lui, auprès d'un seul cabinet ou d'une seule entreprise. La variété des stages, au pluriel, disparaît. Suivant les cabinets ou les entreprises, l'apprenant peut se retrouver cantonné à des tâches comptables de base, limitées pour des études poussées.

« Nous ne sommes pas pour l'alternance : on a vu beaucoup d'étudiants arriver chez nous avec deux ans de saisie de commande fournisseur comme seule expérience. On prône surtout la diversité des stages : on préfère quatre stages dans quatre cabinets d'expertise, d'audit ou entreprises de tailles différentes », rapporte Lætitia Monnier-Senicourt, de l'université de Nantes.

- ***Pas facile de trouver une entreprise***

Autre obstacle, l'alternant doit trouver une structure pour l'accueillir. La recherche doit débuter six mois à un an avant le début de l'alternance. L'envoi de CV et de lettres de candidature est plus ciblé encore que pour les demandes de stages, même si des règles de base similaires s'appliquent. À privilégier, le contact réel – forums, salons, sièges des entreprises – car le réseau des écoles ne fait pas tout. Malgré toute la bonne volonté du monde, cela se solde parfois par un échec, car il y a toujours plus de candidats que de lieux d'accueil.

À la fin de son M1, Marylise Ahiboh a « craqué » à cause de l'apprentissage théorique très intense qu'elle avait à suivre.

« Pour moi, l'alternance, c'était un moyen de terminer mon cursus dans le milieu professionnel où j'étais sereine. Mais je n'ai pas pu trouver d'entreprise et donc d'école pour m'accueillir. J'ai fini mon cursus en master 2 normal où finalement c'est pratiquement une alternance (quatre mois de cours plus quatre à six mois de stage). »

À retenir donc, l'alternance peut devenir moins pertinente car elle dépend du projet et doit se choisir en bonne intelligence en trouvant une structure qui saura accompagner l'évolution de l'alternant.

7 – Est-il possible de faire un cursus à l'étranger ?

Les normes comptables restent à dominante française, mais tendent vers l'internationalisation, particulièrement en audit. Dès lors, pourquoi ne pas faire une partie de ses études à l'étranger ?

■ Les écoles de commerce en pointe

Erasmus (désormais officiellement Erasmus+) et Erasmus Mundus, sont autant de termes familiers aux oreilles des étudiants. Dans le cadre d'études en compta-gestion, on les entend surtout du côté des écoles de commerce.

• *De l'Europe à l'Amérique en passant par l'Asie*

Les écoles de commerce ont toujours cultivé leur identité internationale, par choix comme par nécessité – leur « marque » bataillant à l'échelle mondiale. Les périodes de stages à l'étranger sont constitutives des cursus, avec un minimum de six mois obligatoires. Chaque école affiche des dizaines, voire des centaines, de partenaires comme autant de lieux où leurs étudiants peuvent partir en échange. Certaines vont même plus loin, en ouvrant leurs propres campus en dehors de nos frontières. On en compte ainsi une dizaine en Europe (avec Londres, ville d'implantation favorite), à peu près autant en Asie (Chine, Indonésie), une demi-douzaine en Afrique (Maroc). Les nouveaux terrains d'exploration sont l'Amérique du Nord et du Sud.

• Business school *globale*

La SKEMA (9 000 étudiants), initialement implantée à Lille, symbolise cette mutation avec son ambition de devenir une « *business school* globale », selon les termes de sa directrice générale Alice Guilhon. Elle possède désormais trois campus à l'étranger : Suzhou (Chine),

Raleigh (États-Unis), Belo Horizonte (Brésil), et revendique un tiers d'étudiants étrangers issus de plus de 100 nationalités.

> *« Étroitement connectés par des formations complémentaires, les équipes pédagogiques et les étudiants s'enrichissent mutuellement par des allers et retours entre les salles de classe et les entreprises ainsi que par des connexions ininterrompues entre les sites », explique Mme Guilhon.*

Prudence toutefois, cette internationalisation relève parfois d'une stratégie « commerciale » des *business schools*. Les retours d'expérience des étudiants sont souvent bien moins dithyrambiques que les plaquettes de présentation des établissements. Il ne faut pas hésiter à s'informer auprès d'anciens élèves et à dresser des comparatifs avec les IAE.

■ L'exception plutôt que la règle

L'ancrage international demeure une caractéristique propre aux écoles de commerce. Étudier à l'étranger s'avère inhabituel à l'université et extrêmement rare en IUT ou au lycée.

• *Pas l'objectif initial des IAE*

La matière comptable n'incite pas forcément les établissements universitaires à s'internationaliser.

> *« Les normes étant spécifiques à chaque pays, et plus particulièrement en France avec la connexion fiscale, il est plus difficile pour nous d'accueillir des étudiants étrangers », prévient d'entrée Lætitia Monnier-Senicourt, professeure à l'université. En effet, si des échanges entre pays anglo-saxons sont faciles car partageant un même esprit normatif (UK GAAP, US GAAP), il est plus compliqué d'attirer des étudiants étrangers en France pour*

leur apprendre les normes françaises, hormis dans le cadre d'une demande pour une très forte spécialisation.

L'objectif initial des IAE n'a d'ailleurs jamais été de s'ouvrir à l'international, avec des antennes dans d'autres pays. Leur visibilité à l'étranger reste donc faible. L'IAE de l'université d'Aix-Marseille fait figure d'exception avec sa double accréditation internationale (appelée EQUIS-AMBA) unique dans le public et ses 30 % de diplômés à l'étranger.

Une année en Erasmus et consorts est le plus souvent vue comme une parenthèse, qui ne s'intègre pas totalement dans le cursus. Ce qui ne doit pas empêcher de se lancer dans l'aventure.

« On a tous les ans des étudiants qui partent en échange en Europe ou en Amérique du Nord, constate Christiane Föll, professeure à Paris 1, lors du premier semestre en master 1, ils peuvent partir à l'étranger. Sur place, ils étudient la finance, le droit international, la comptabilité anglo-saxonne et le contrôle de gestion. »

- ***Découverte d'une autre pédagogie***

C'est précisément ce qu'a expérimenté Youn Monvoisin, en partant dans une université anglaise. Au-delà de la technique comptable, c'est la différence d'approche pédagogique qui l'a marqué.

« En soi, ici en France j'avais trente-cinq heures de cours par semaine alors que là-bas j'en avais huit avec un travail personnel très important, de multiples ouvrages à lire et une bibliothèque universitaire ouverte vingt-quatre heures sur vingt-quatre. La méthode d'apprentissage est fondée sur les dissertations à rendre bien plus que sur les contrôles de connaissances. »

L'influence grandissante des méthodes de management anglo-saxonnes et le développement des normes internationales (IFRS) expliquent, selon lui, que « les noms changent, mais que la technique se rapproche ».

- ***Le DUETI (diplôme d'université d'études technologiques internationales)***

Au sein d'un IUT ou d'un lycée, on atteint l'extrême rareté. Pourtant, des programmes dédiés existent pour une mobilité internationale. Tout d'abord, un stage Erasmus d'une durée minimale de deux mois est possible dès la première année de BTS ou de BUT, dans l'un des 28 États membres de l'Union européenne ainsi qu'en Islande, au Liechtenstein, en Norvège, Suisse, Croatie et Turquie. Certains établissements ou conseils régionaux intègrent des programmes d'échanges spécifiques.

Il existe également le DUETI, qui s'ajoute aux trois années initiales en IUT et correspond à un bac+3 (même s'il n'est pas encore reconnu officiellement comme tel par toutes les écoles et universités). Attention, un DUETI ne permettra pas d'entrer en M1.

Les places sont chères, seuls neuf instituts le proposant en France. Obtenir son BUT est un préalable et l'étudiant règle les frais d'inscription dans le pays d'accueil : jusqu'à plusieurs milliers d'euros, voire des dizaines de milliers d'euros au Royaume-Uni ou aux États-Unis. Faire une demande de bourse Erasmus reste néanmoins possible.

Le passeport langues vivantes pour les BTS a été lancé en Île-de-France il y a une petite dizaine d'années. Un moyen de partir quinze jours sur un campus à l'étranger. Un peu plus de 600 élèves, titulaires au départ d'un bac pro, en bénéficient chaque année. Malheureusement, le baccalauréat professionnel en comptabilité n'existe plus. Peut-être le dispositif sera-t-il un jour généralisé à tous les ex-lycéens ?

8 – *Quid* de l'enseignement à distance ?

L'enseignement à distance nécessite rigueur et organisation. Et la comptabilité n'échappe pas à la règle.

■ Bien choisir son établissement

Nombre de structures proposent un apprentissage à distance de la comptabilité, généralement du BTS jusqu'à bac+8. Des dizaines, voire des centaines de formations sont ainsi proposées en ligne. Le choix de son établissement s'avère primordial.

• ***Privilégiez les écoles d'expérience***

Les plus connues sont l'ENGDE de Paris, l'EFC à Lyon, et surtout l'INTEC (Institut national des techniques économiques et comptables) du CNAM, qui est public. Certaines universités ou des IUT proposent également cette formule. Soyez rigoureux et patient au moment d'arrêter votre choix. Demandez conseil à des professionnels en exercice ou à vos anciens professeurs, s'il s'agit d'une réorientation. Tournez-vous vers des établissements qui ont une expérience reconnue et indiscutable dans le domaine de la compta-gestion. N'envoyez pas tout de suite votre chèque d'inscription, certains sites d'enseignement à distance disparaissent aussi vite qu'ils sont apparus…

• ***Des méthodes variées, une intensité commune***

L'enseignement consiste en général en une préparation soutenue des épreuves du BTS comptabilité-gestion (bac+2) jusqu'à celles du DEC (bac+8), en passant par le DCG et le DSCG. Les cours prennent la forme de textes envoyés par courrier ou numérisés, de vidéos interactives, de classes retransmises en direct, etc. Il existe autant de formules que d'établissements, un critère important pour faire son choix. Une année à distance coûte entre 2 000 et 6 000 € pour une école dédiée, quelques centaines d'euros à l'université.

Préparer un diplôme de chez soi demande toujours plus de temps que par la voie classique, prévient Johnny Schwertzig, directeur Nouveaux Marchés chez Skill and You et auparavant directeur pédagogique de l'EFC.

> *« En temps normal, un BTS prend deux ans, chez nous, à distance, cela va en demander trois. Cet enseignement imprime un autre rythme scolaire, les étudiants ne sont pas tous les matins à 8 ou 9 heures en classe. Il va donc falloir une certaine autonomie, un minimum d'implication et d'organisation. »*

■ Ouvert à tous les publics

Ces établissements d'enseignement éloigné regroupent de quelques centaines à des milliers d'élèves chaque année. Tous les publics peuvent y accéder, des aides et bourses existent.

- ***Formation initiale ou complémentaire***

Dans la moitié des cas, ce sont des personnes au chômage, en reconversion professionnelle ou des étudiants qui reprennent des études de base, en secrétariat-comptabilité par exemple. Les 50 % restants sont des personnes déjà en activité qui souhaitent tout simplement progresser dans leur carrière, en passant un échelon académique supplémentaire.

Certaines formations sont entièrement réglées par l'employeur ou par un organisme tiers, dans le cadre de la formation professionnelle continue. Une convention de formation est alors établie et l'assiduité de l'élève aux cours, devoirs et examens blancs contrôlés. Des bourses ou des aides peuvent également s'appliquer. Dans ces cas, vous devez choisir un des deux organismes publics (l'INTEC du CNAM ou le CNED [Centre national d'enseignement à distance]).

• ***Prisé par les femmes et les étrangers***

L'enseignement à distance est plus développé auprès des femmes que des hommes. Il permet notamment de concilier vie familiale et vie professionnelle – l'Observatoire des inégalités nous rappelle qu'elles consacrent encore 40 % de temps ou plus que les hommes aux tâches domestiques.

Celles-ci vont par exemple profiter d'un congé parental d'éducation pour se former en ligne à la comptabilité.

Les étrangers sont également nombreux à opter pour ce type de formation. Ils représentent de 5 à 10 % des effectifs en compta-gestion et résident principalement dans des pays européens francophones (Belgique en tête), au Maghreb (Tunisie, Maroc) et en Afrique de l'Ouest.

« Partout où l'on trouve des comptabilités un peu similaires à la France », souligne Johnny Schwertzig.

■ Un taux d'échec élevé

Clairement l'apprentissage en ligne n'est pas adapté à tout le monde. Les abandons sont légion et la réussite bien moins élevée que dans le cadre d'une formation classique. Pour éviter l'échec, il faut être sûr de son choix et organisé !

• ***Gare à la « catastrophe »***

Un seul chiffre : au baccalauréat, le taux général de réussite est de 93,7 % en 2021 en France, contre 30 % environ par le biais du CNED. L'enseignement de la comptabilité n'échappe pas à cette règle de moindre réussite des diplômes préparés à distance. Pour la jeune Marylise Ahiboh, cela a même été « une catastrophe », avec des examens ratés et deux redoublements. Elle identifie clairement les raisons de son échec :

> *« C'est une formation où il faut être en grande partie autodidacte alors que moi j'ai besoin d'un bon suivi, voire d'un "coup de pied aux fesses" parfois. En plus, je venais d'avoir mon bac, c'était la fête tout le temps avec mon groupe d'amis, ce n'était pas la bonne période de ma vie pour commencer à travailler comme ça. »*

- ***Quelques conseils pratiques***

Il faut tout d'abord se poser la question de savoir si c'est un choix bien réfléchi. Les cours à distance ne sont en rien des études « allégées », mais des études en autonomie sans lieu physique d'enseignement. Organisez-vous, particulièrement quand vous recevez la masse des cours (papier ou numérique) en début d'année. Au lieu de vous plonger directement dedans, lisez attentivement plusieurs fois l'emploi du temps et le planning des devoirs sur le site Internet de votre école.

Évitez de vous isoler complètement, communiquez régulièrement avec vos professeurs. Lisez attentivement leurs corrections. Aménagez-vous des espaces et moments de travail dans votre journée sinon le travail à la maison ne commencera ou ne s'arrêtera jamais. N'hésitez pas à vous rendre dans des lieux de travail partagés, si vous le pouvez : bibliothèques, cafés, espaces de *coworking*. Enfin, préparez-vous aux examens… dans les conditions de l'examen. Le numérique c'est pratique, mais les épreuves sur table à la fin de l'année se déroulent avec un papier et un stylo.

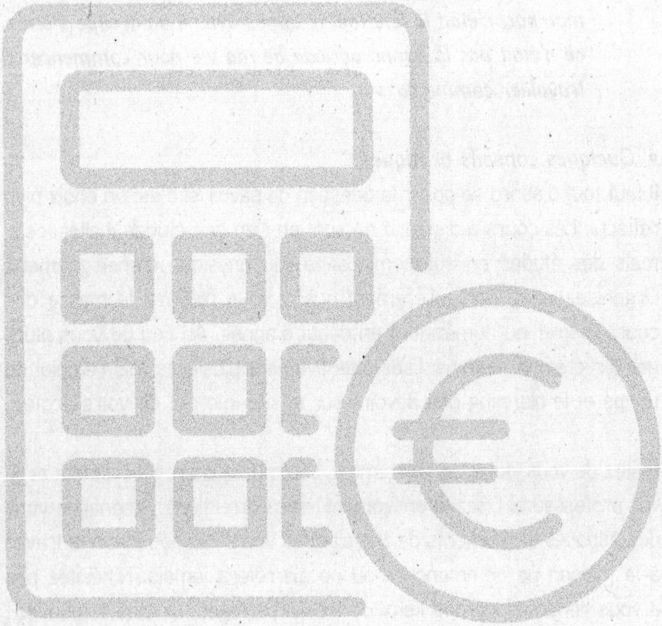

PARTIE 3

L'ÉVOLUTION DU SECTEUR

1 – Où travaillent les comptables aujourd'hui ?

En France, près de 750 000 personnes travaillent dans la comptabilité, au sens large, selon une estimation de l'Apec. Un domaine dans lequel la division du travail s'avère de plus en plus nette, la nature de l'entreprise ou la taille du cabinet déterminant le métier exercé.

■ La comptabilité interne

« Les comptables sont partout ! » nous répète inlassablement Annick Morisseau. Comment lui donner tort ? On les rencontre à la fois dans le secteur privé, le secteur public ou le monde associatif.

• ***Les grandes entreprises avant tout***

L'Insee dénombre 334 000 employés comptables dans les entreprises. Particularité, on ne les trouve quasiment jamais dans les microentreprises – moins de 10 salariés – pourtant très majoritaires dans l'Hexagone (95,4 %). On croise plus fréquemment les professionnels du chiffre dans les PME (4,45 % des sociétés françaises comptent de 10 à 250 salariés) et surtout les services financiers des grandes entreprises (les 0,15 % restants). Il peut s'agir d'un assistant comptable pour un site de vente en ligne ou d'un contrôleur de gestion chez un grand fabricant de prêt-à-porter, par exemple.

Pour Pierre-Camille Morognier, expert-comptable et commissaire aux comptes, la tendance à la fragmentation du marché est claire :

> *« Dans des petites et microentreprises, il est difficile d'embaucher car faire appel de temps en temps à un expert-comptable, en externe, coûte déjà cher. À partir d'une taille "intéressante", c'est une question de choix que de faire ou non sa comptabilité en interne. Pour les grandes entreprises, au-dessus de 400 salariés, il faut nécessairement recruter une ou plusieurs personnes qui travaillent dessus en permanence. »*

Être comptable en entreprise, cela signifie clairement travailler le plus souvent dans les plus grandes d'entre elles. Un coup d'œil aux sociétés qui recrutent répertoriées par l'Etudiant donne le ton : Orange, Siemens, Thales, Crédit agricole, Saint-Gobain, BNP Parisbas... Toutes sont cotées en Bourse. Sans surprise, les entreprises du trio banque-finance-assurance tiennent le haut du pavé, suivies par celles du commerce et de la grande distribution.

• ***Comptables publics et associatifs***

N'omettons cependant pas les comptables publics, qui « s'occupent des dépenses et des recettes d'une université, d'un musée, d'un hôpital. Ceux qui tiennent la caisse en quelque sorte », *dixit* Thierry Pastena, exerçant lui-même à l'université de Bordeaux. Le rôle de ces fonctionnaires va croissant pour l'État et les collectivités locales, on en compte plusieurs milliers, entre 10 000 et 15 000 selon l'ACP (Association des comptables publics), contactée par l'Etudiant. On retrouve par exemple un directeur des services comptables au sein d'une université, un responsable de gestion comptable dans une mairie ou un chef de gestion de comptabilité dans un hôtel de département.

Bipolarité dans les cabinets

Côté cabinets, toutes les tailles se côtoient. Du petit expert-comptable installé à Gouzon (Creuse) jusqu'aux milliers de collaborateurs français d'un gigantesque cabinet international dont le siège social est à New York. Pour schématiser, ce dernier fait quasi exclusivement de l'audit quand le premier se concentre désormais uniquement sur l'expertise. Ce qui va se ressentir jusqu'au travail des assistants comptables, petites mains des cabinets.

- ***Les petits cabinets, majoritaires en nombre...***

L'OEC recense 160 000 collaborateurs (pour 21 000 experts-comptables) qui exercent dans 22 000 sociétés d'expertise comptable. Les structures sont majoritairement petites, un tiers ont moins de 10 salariés, la moitié de 10 à 49 salariés. Ce sont les cabinets que l'on appelle les « monos bureaux ».

On trouve ensuite les grands cabinets régionaux, parfois organisés dans des réseaux nationaux, qui comptent de 50 à 1 000 salariés (un peu moins de 17 % des structures). Reste les grands cabinets nationaux et internationaux affichant des effectifs au-delà de 1 000, c'est-à-dire le 1 % restant.

> *« Beaucoup sont attirés par les Big Four, mais moi pas du tout. C'est la proximité qui me donne envie de faire ce métier, plaide Océane Joste, étudiante avec nombre de stages à son actif. Quand on travaille avec une PME, on va rencontrer le client et c'est intéressant de se rendre compte des difficultés de gestion qu'il a, en amont de la comptabilité. »*

> *Pour Hacène Asses, à la tête de son cabinet de recrutement Profil'A, cette diversité de cabinets devient une force car il y en a justement pour tous les goûts : « Il existe différents cabinets, différentes cultures de cabinets, des portefeuilles de clients variés. Vous pouvez passer d'une petite boulangerie à une grosse PME de 100 salariés. En plus, si vous le souhaitez, vous pouvez être votre propre dirigeant, en ouvrant votre cabinet. »*

Clairement, la taille des structures où l'on travaille est plus variée dans l'expertise comptable. Mais les gros cabinets monopolisent un audit lucratif. Globalement, le marché de l'expertise comptable et de l'audit pèse 19 milliards d'euros en France en 2021. À titre de comparaison, il représentait 7,9 milliards d'euros en 2011 et 11,5 milliards en 2016 (OEC).

Le milieu présente une forte polarisation puisque les structures de taille réduite ou intermédiaire dominent les activités d'expertise comptable, moins lucratives, qui rassemblent seulement 69 % du chiffre d'affaires global. Cette face du métier se concentre nettement dans ces cabinets-là.

Le marché de l'audit, en revanche, est largement accaparé par les *Big Four* – les Anglos-Saxons Deloitte, PwC, EY et KPMG –, auxquels on peut ajouter le Français Mazars, suivi d'autres groupes de moindre envergure comme Fiducial, Grant Thornton, Alpha... Une activité bien plus lucrative et qui connaît une croissance exponentielle : 40 points en une décennie !

L'audit est désormais un métier présent quasiment uniquement dans les cabinets les plus structurés. En effet, c'est un métier aujourd'hui très exigeant en termes de formation, de mise à jour des connaissances, de formalisme et de déontologie. Ces leaders brassent un tiers du chiffre d'affaires du secteur alors qu'ils ne représentent qu'un cabinet sur dix. Sur l'ensemble des « mandats » donnés par les entreprises du CAC 40 ces dernières années dans le cadre d'un audit légal (CAC), aucun n'a échappé aux *Big Four* plus le cabinet français Mazars. Il y a vingt ans, une minorité de ces « mandats » (un sur huit) était encore exécutée par des cabinets plus petits. Depuis, ceux-ci ont été le plus souvent rachetés ou absorbés par les plus gros.

■ Une certaine concentration régionale

L'inégalité entre les cabinets n'est pas qu'une question d'activité ou de poids économique. Une étude de la carte de l'expertise comptable montre qu'elle s'avère aussi géographique. Paris concentre l'essentiel de l'activité, quand certaines régions sont pauvres en experts-comptables.

- ***Paris***

La localisation d'un emploi a (toujours) son importance, notamment dans les hautes sphères de l'audit. Louise Aubrée, 28 ans, aujourd'hui directrice financière en entreprise, nous raconte une anecdote lors de son passage en contrôle de gestion chez Capa Presse. Au moment de chercher son premier emploi, elle avait la main tremblante, comme l'ensemble de ses camarades de classe. Difficulté à trouver un poste ? Salaire trop bas ? Non, choix cornélien quant à la localisation du cabinet. « Sur le CV, il vaut mieux avoir écrit EY à Paris que KPMG à Rennes », résume-t-elle d'une phrase.

Les experts-comptables comme leurs cabinets sont outrageusement franciliens. L'Île-de-France abrite un peu moins de 20 % de la population française, mais concentre quasiment 30 % des effectifs et un tiers des inscrits à l'OEC. Cela s'explique d'abord par l'implantation des antennes françaises des *Big Four* à Paris. L'activité économique de la capitale, donc celle des cabinets, est aussi très forte.

• ***Des régions à la traîne***

Suivent dans ce classement les régions Rhône-Alpes (12 % des effectifs), Provence-Alpes-Côte d'Azur (10 %), Occitanie (9 %) et Nouvelle-Aquitaine (8 %) où le poids des professionnels des chiffres correspond quasiment à celui de leur population.

D'autres semblent *a contrario* mal loties. Le Nord-Pas-de-Calais, la Bretagne ou les Pays de la Loire comptent bien moins d'experts-comptables au regard de leurs nombres d'habitants. La répartition des professionnels dépend avant tout de l'activité économique régionale, mais aussi des synergies locales : rachats/fusions de cabinets, départs à la retraite, nouveaux diplômés, etc.

« L'absence de chômage c'est très vrai à Paris. Un peu moins en régions avec des bassins de recrutements plus petits et des tâches parfois moins intéressantes », appuie Jean-Louis Pouxritikoff, qui regarde le secteur depuis quinze ans avec ses lunettes d'enseignant. Les futurs experts-comptables l'ont bien compris. Par temps de crise, ils choisissent la capitale, au moins temporairement, dans la moitié des cas pour effectuer leurs stages de fin d'études.

2 – L'emploi est-il toujours pérenne ?

La comptabilité en général et l'expertise/audit en particulier ne connaissent pas la crise. Tous les secteurs de l'économie ne peuvent pas en dire autant. Quelles sont les raisons de ce dynamisme ? Est-il durable ?

■ Une profession en partie vieillissante

La famille comptable est vieillissante, toutes branches confondues. Les chevelures grisonnantes dominent indiscutablement le paysage professionnel. Ce constat reste à nuancer car si à la tête des cabinets l'âge moyen est plutôt élevé, ça l'est beaucoup moins en bas de la pyramide.

- ***Le papy-boom de l'expertise comptable***

Avantage pour certains, inconvénient pour d'autres, l'expertise comptable vieillit. L'âge moyen du professionnel se situe au-delà de 50 ans selon l'OEC. « C'est un secteur dont la pyramide des âges est défavorable, avec de nombreux collaborateurs qui partent à la retraite », résume Hacène Asses. Une pyramide qui ressemble plus au bonhomme Michelin qu'à un sapin, la plupart des branches s'accumulant en hauteur, laissant la base dégarnie. En 2021, 42 % des inscrits à l'OEC ont plus de 50 ans et 8 % ont plus de 60 ans. Les moins de 40 ans représentent seulement un collaborateur sur cinq. Travailler dans un cabinet, cela veut dire être dans un milieu professionnel âgé, malgré la présence de quelques jeunes diplômés.

Répartition de la profession par genre et âge

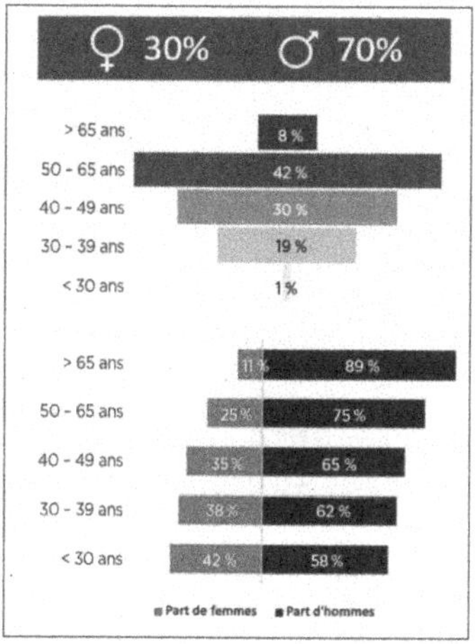

13

13. Source : http://revuefrancaisedecomptabilite.fr/la-profession-comptable-en chiffres

- **Quid *de la génération Y ?***

La longueur des études pour devenir expert-comptable (bac+8) et la difficulté de finaliser le DEC en même temps que sa vie professionnelle explique une arrivée tardive des plus jeunes dans la profession. Les prises de postes visent alors à combler des départs à la retraite qui concernent un cabinet sur cinq chaque année. Toute une génération de baby-boomers quitte progressivement le secteur depuis dix ans, ce qui fait dire à l'OMECA (Observatoire des métiers de l'expertise comptable, du commissariat aux comptes et de l'audit) que des « départs en retraite massifs sont encore à prévoir dans les années à venir ».

Le défi du papy-boom est donc réel pour la profession, même si l'arrivée de jeunes diplômés en masse commence à se faire sentir. On évoque même l'émergence, compliquée, mais réelle, d'une « génération Y » au sein des cabinets. Des jeunes nés entre les années 1970 et les années 1990, qui ont aujourd'hui entre 20 et 40 ans et ont grandi dans l'ère du numérique délimite Mounia Berrah dans son mémoire. Pas toujours facile de faire sa place quand on est jeune et connecté. L'histoire des cabinets est ancienne, les règles de déontologie strictes. Mais ces derniers doivent s'adapter avec l'arrivée prochaine dans leurs bureaux des baby-boomers des années 2000, soit la « génération Z ».

- ***Secteur plus jeune que la population active française***

Un regard sur l'ensemble des salariés en cabinet permet de modérer encore cette impression de vieillissement. L'âge moyen tombe alors à 37,5 ans, soit dix ans plus jeune que pour les experts-comptables (contre 14 ans encore en 2015) ! Les moins de 30 ans représentent à eux seuls un tiers de la population salariée du secteur contre 22 % pour l'ensemble de la population active française. Moins qualifiés qu'à la direction des cabinets, ils intègrent plus vite le marché du travail. Les recrutements en série dans le secteur ne s'expliquent pas uniquement par le vieillissement (partiel) du secteur. Le dynamisme économique joue aussi pour beaucoup.

- ***Un secteur revigoré***

Depuis vingt ans, le nombre d'emplois dans les activités comptables est en hausse quasi continue – à l'exception d'un creux de 2002 à 2004. L'effectif salarié dans les cabinets a augmenté de 25 points sur la période, conforté par une accélération récente. En 2021, presque 40 % des cabinets ont vu leur activité augmenter, ainsi c'est un cabinet sur deux environ qui a mis en place des recrutements sur l'année. L'indicateur d'un secteur revigoré par les chamboulements juridique et technologique.

- ***200 000 à 300 000 emplois à pourvoir d'ici 2030***

Dans une étude de 2021, France Stratégie, l'organisme de réflexion au service du Premier ministre, dressait avec la Dares un tableau des emplois à l'horizon 2022. Le secteur des comptables et financiers est avec les services administratifs et le commerce dans les secteurs les plus porteurs pour les diplômes du supérieur, soit 200 000 à 300 000 emplois à pourvoir dans les prochaines années. Les plus qualifiés d'entre eux auraient le vent en poupe avec jusqu'à 2 % d'augmentation annuelle, tirés par le dynamisme du sud et de l'ouest de la France. En bas de l'échelle salariale, les embauches de comptables moins qualifiés stagneraient, elles, complètement[14].

D'après une étude 2021 de Fed Finance, seulement 8 % des cabinets n'ont pas procédé à un recrutement en 2021. « Les employeurs semblent privilégier des profils débutants et confirmés rapidement opérationnels. Ceux ayant emprunté la voie du contrat d'apprentissage sont les plus sollicités par nos clients. Ils bénéficient en général d'une solide

14. https://www.strategie.gouv.fr/publications/metiers-2030

expérience dans l'univers du cabinet et sont rapidement adaptables et "intégrables" aux codes du métier », explique une note d'analyse de chez Hays datant de 2020[15].

■ Une insertion à géométrie variable

Sur le marché comptable et financier, quasiment trois quarts des employeurs embauchent, nous l'avons vu. Pour autant, l'insertion ne se montre pas facile pour tout le monde. Si le CDI est privilégié au détriment du CDD, l'intérim est de plus en plus utilisé.

- ***L'intérim puis le CDI plutôt que le CDD***

Historiquement, le CDI s'affirme comme le plus signé dans le domaine de la comptabilité et de la finance. Le CDI dépasse l'intérim, désormais utilisé dans un peu moins de 40 % des embauches. Le CDD, lui, reste très marginal puisque utilisé dans un recrutement sur six seulement.

Si l'on détaille les raisons de ces embauches, les cabinets et entreprises signent majoritairement des CDI pour remplacer des départs à la retraite ou vers la concurrence. L'intérim sert à faire face au caractère encore relativement saisonnier de la comptabilité, avec une « saison haute » de décembre à mai et une « saison basse » de juin à novembre.

Clairement, le marché du travail demeure dynamique et les offres nombreuses en comptabilité, mais il faut rester attentif au type de contrat signé. Particulièrement quand on débute avec peu de qualifications[16].

15. https://www.hays.fr/documents/63274/0/EDRN_2020.pdf
16. https://www.fedfinance.fr/actualites/emploi-en-cabinet-d-expertise comptable-l-edition-2021-est-en-ligne

- ***Insertion moins facile pour les « petits » diplômes***

Certains voient les métiers de la comptabilité comme un véritable « plan antichômage ». Ce n'est pas faux, si l'on garde en mémoire que le taux de personnes sans emploi en France métropolitaine stagnait aux alentours de 9 %, en baisse sur ces deux dernières années vers 7,5 %, et qu'un jeune Français de moins de 25 ans sur cinq est à la recherche d'un emploi. Trouver un poste à l'issue des études est une motivation courante dans le choix du secteur comptable.

« On est rarement amoureux de la compta à l'origine, il y a rarement une petite fille ou un petit garçon qui va se réveiller un beau matin en disant : "Je veux être comptable." Ce que viennent chercher les élèves chez nous, c'est un bon métier, où il y a de l'emploi et des salaires convenables », dit sans prendre de gants Johnny Schwertzig.

En gestion de paie ou en secrétariat, accessibles avec le premier niveau de diplôme, BTS ou BUT, les offres d'emploi demeurent aujourd'hui plus nombreuses que les candidats, aux dires des professionnels questionnés. Un déséquilibre représentatif de ce que l'on retrouve sur l'ensemble de la comptabilité. Pénurie de candidats ne signifie pas pour autant recrutement au rabais des employeurs. Les exigences sont à la hausse en matière de capacités de communication, d'expertise technique, de maîtrise de l'anglais et d'expérience professionnelle. Sans surprise, le niveau de diplôme influence directement le taux d'insertion.

Le recrutement en dessous de bac+2 a quasiment disparu, en même temps que les diplômes BEP et bac professionnel comptabilité. Selon les derniers chiffres de l'Insee, à ce niveau d'études en comptabilité-gestion, le chômage monte à 14 % et un cinquième des emplois sont à temps partiel. Pour un bac+2, on descend à 8 % de chômage pour un peu plus d'un poste sur huit en partiel. Avec un diplôme de la filière expert-comptable (DSCG, DEC) en poche, le chômage tombe à un taux incompressible de 1 à 3 % et moins d'un emploi sur dix est un temps partiel. Subsiste un élément déterminant : les rémunérations.

3 – Quel est le niveau salarial ?

Le dynamisme du secteur de la comptabilité et de l'expertise comptable a une conséquence logique : les rémunérations y sont intéressantes. D'une branche à l'autre, d'un parcours à l'autre ou d'une région à l'autre, les feuilles de paie s'affichent néanmoins très inégales.

■ Des salaires « raisonnables »

Avec de nombreux postes à pourvoir, les candidats à l'emploi sont en position de force dans le secteur de la comptabilité. Conséquence, la rémunération au SMIC a quasiment disparu pour un premier poste. Aux échelons supérieurs, les salaires s'orientent même à la hausse.

- ***Les candidats en position de force***

« J'ai encore des postes que je n'arrive pas à pourvoir au bout de trois mois, ce qui montre que c'est un métier en plein boom, avec de nombreuses opportunités », explique Hacène Asses. Une situation favorable à ceux qui cherchent un premier emploi, ou veulent en changer. Particulièrement quand ils se présentent donc immédiatement opérationnels.

Dans le contexte d'un secteur porteur – 1 à 8 % de chômage dans la comptabilité, rappelons-le, suivant le niveau d'études –, on observe facilement le fait que les meilleurs candidats, c'est-à-dire les plus compétents et les plus flexibles, bénéficient souvent de plusieurs propositions d'emploi.

Employeurs comme (futurs) employés ont conscience de ce besoin de main-d'œuvre. « Globalement, les entreprises s'alignent sur les niveaux de salaire du marché et n'hésitent pas à surenchérir pour attirer le bon candidat ».

- ***Recrutements au-dessus du SMIC***

Un aide-comptable en entreprise, quand il entre sur le marché du travail, va gagner de 21 000 à 23 000 € en salaire brut annuel (environ 1 900 € par mois). Situé tout en bas de l'échelle des rémunérations dans le secteur, il a vu ses revenus augmenter ces dernières années malgré une stagnation toute récente.

Un assistant auxiliaire, poste de base en cabinet donc légèrement plus coté, va, lui, gagner entre 25 000 et 28 000 € sur une année (2 000-2 300 € par mois). Résultat, on ne trouve quasiment plus de salariés qui débutent au SMIC (1 645 € brut au 1er mai 2022) en comptabilité. Pour ces deux emplois, situés en bas de l'échelle salariale, il n'y a quasiment jamais de primes ou de part de rémunération variable en dehors d'un éventuel treizième mois et d'une prime d'intéressement dans les structures les plus importantes.

- ***Hausse aux étages supérieurs***

D'autres postes sont accessibles avec un bac+2 (BTS), voire un bac+3 (DCG), si l'on y ajoute un peu d'expérience et donc de spécialisation lors des stages : comptable clients, comptable fournisseurs ou gestionnaire de paie, etc. Là, les salaires oscillent entre 25 000 à 29 000 € par an (2 000-2 400 € par mois).

Pour tous les métiers cités, les rémunérations se stabilisent, voire augmentent, jusqu'à six points.

Des écarts importants

Quand on entre sur le marché du travail après des études plus longues (à partir du DSCG, bac+5), les salaires sont plus élevés. Ils sont aussi plus inégaux, suivant la taille de la structure, sa localisation ou le parcours avant l'embauche.

- ***La taille et la région***

Un collaborateur d'expert-comptable ou un auditeur junior, postes d'entrée par excellence après un DSCG, gagne entre 23 000 et 35 000 € brut par an (2 500-3 000 € par mois). S'il est embauché au sein d'un *Big Four* à Paris, son salaire oscille entre 34 000 et 40 000 € brut par an suivant son école (système des grilles de recrutement). En revanche, s'il commence à travailler dans un petit cabinet dans le Sud-Ouest, il touchera plutôt entre 25 000 et 28 000 € par an (1 950-2 300 € par mois).

> *« La vérité, c'est que parfois, quand tu débutes en cabinet, tu ramènes du boulot chez toi, tu travailles soixante heures par semaine, et tu gagnes moins de 2 000 € brut par mois », témoigne, amère, Reda Ameur.*

Bien sûr se manifestent ici des cas extrêmes sur l'échelle des rémunérations. Mais de manière générale, les enquêtes menées par les grands cabinets de recrutement montrent que l'écart de salaire s'accentue de 20 points entre Paris et ses régions. À noter qu'il est déjà de 10 points entre Paris intra-muros plus le quartier de la Défense et le reste de l'Île-de-France. Ajoutons que pour tous ces emplois qualifiés, les grands cabinets versent des primes de performances importantes.

- ***À diplôme égal, pas de salaire égal***

Plus surprenant, le même diplôme avec la même expérience ne donne pas (forcément) la même fiche de paie dans un cabinet.

Louise Aubrée aujourd'hui directrice financière en entreprise à la suite d'un master audit, contrôle de gestion à l'IÉSEG de Lille puis d'un passage chez EY, cabinet des *Big Four* et en entreprise audiovisuelle en contrôle de gestion, nous explique son évolution salariale en cabinet :

> *« J'ai commencé en bas de la grille, à 32 000 € brut par an, alors que quelqu'un qui sortait d'HEC par exemple était à 40 000 €. En trois ans, je suis montée à 37 000 € alors que le mieux payé, au même âge que moi, était à 50 000 € ! En fait, les écarts suivant les écoles sont énormes même si les cabinets prétendent qu'ils se comblent au bout de cinq ans de progression. »*

Le système semble aussi irrationnel qu'implacable. Au coût des études, plus important dans les business schools prestigieuses, répondent des salaires plus élevés à la sortie.

À diplôme égal, pas non plus de salaire égal entre hommes et femmes (*cf.* : p. 128). De 2 % chez les assistants comptables, l'écart monte à 6 % pour les experts-comptables stagiaires pour exploser à 30 % au niveau expert-comptable !

• *L'expérience compte déjà*

Parfois, le diable se niche dans les détails d'un parcours professionnel. Un contrôleur de gestion gagne entre 30 000 et 42 000 € brut par an (2 500-3 500 € par mois) pour un premier emploi dans une PME ou une grande entreprise. En théorie, le recrutement peut se faire dès bac+5 (DSCG).

Alors qu'en pratique les entreprises préfèrent que le postulant arbore une première expérience en cabinet d'audit. La fourchette de rémunération s'en trouve alors gonflée et on ne peut pas véritablement parler de poste de débutant.

Pour tous ces métiers, accessibles après une filière longue, la tendance se confirme d'une hausse des rémunérations de deux à quatre points. Notons enfin pour terminer que ces grilles indicatives ne comprennent pas les primes.

4 – Qu'en est-il des inégalités hommes/femmes ?

Le constat est sans appel. Plus on monte en hiérarchie, moins les femmes sont présentes dans les professions comptables. Une inégalité qui ne semble ni liée aux compétences ni aux diplômes, mais à la nature des emplois.

■ L'expertise comptable, une tendance qui se rééquilibre ?

Si la répartition entre hommes et femmes au sein de la profession d'expert-comptable montre une présence à 70 % d'hommes contre 30 % de femmes en moyenne, la tendance est visiblement au rééquilibrage sur les catégories d'âge les plus jeunes : Voir le tableau de la page 119.

- ***Un équilibre entre projets professionnels et personnels parfois dur à trouver***

Pourquoi toutes les femmes n'investissent pas effectivement la profession ? Agnès Bricard, qui fut la première femme à présider le Conseil supérieur de l'OEC, répond du tac au tac :

> *« Parce qu'elles ont 27 ou 30 ans et pensent à faire des enfants. Or rentrer dans un cabinet suppose parfois de se lever à 5 heures du matin pour prendre un avion ou un train et rentrer à 23 heures.*

Elles ne choisissent donc pas l'installation en libéral ou le cabinet. Elles préfèrent rentrer dans les entreprises où elles sont à la direction financière, au contrôle de gestion, à l'audit interne, etc. »

La tendance pourrait sembler se rééquilibrer toutefois au stade du stage d'expertise comptable où l'on comptait en 2020 et 2021 environ 55 % d'hommes pour 45 % de femmes.

Les entreprises restent néanmoins privilégiées pour les carrières au féminin car ce sont des lieux où l'on peut aménager plus aisément son emploi du temps, avec une habitude plus ancienne du temps partiel. C'est tout l'inverse d'un poste d'auditeur en cabinet par exemple, qui nécessite une pleine flexibilité horaire et géographique. Une réalité qu'il faut cependant nuancer.

- ***Des évolutions...***

Dans le cadre d'une étude universitaire, Makram Chemangui, professeure en école de commerce, a rencontré une cinquantaine d'associées dans des cabinets d'audit et d'expertise comptable. Un retour sur expérience féminin qui montre que des changements se font sentir.

« Le métier peut convenir à de plus en plus de femmes car il peut intégrer des solutions totalement dématérialisées, à distance. Je me souviens d'une associée chez Deloitte qui gérait les trois quarts de ses dossiers clients à distance. C'était impossible il y a encore quelques années, il fallait toujours se rendre sur place. Les statistiques montrent que ça évolue, la tendance d'une résorption des inégalités est là. »

Signe qui ne trompe pas, on trouve désormais des directions de cabinets paritaires, voire majoritairement féminines, chose impensable il y a encore quelques années. RBA, en Indre-et-Loire, regroupe par exemple une cinquantaine de collaborateurs et compte six hommes et six femmes à sa tête. Sandrine Fleury en fait partie. Une valeur ajoutée pratique pour les cabinets, de là à parler de bouleversements...

- ***... mais pas de révolution***

Magalie Giroire, 37 ans, travaille comme experte-comptable chez In Extenso dans une agence qui compte, elle, une centaine de collaborateurs à Saint-Herblain (44). En quinze ans, elle a su se frayer un chemin jusqu'en haut de la pyramide.

> *« Je suis rentrée dans le cabinet comme stagiaire et j'ai eu une proposition d'embauche comme assistante comptable au terme de ce stage en 2000, j'ai gravi un à un les échelons pour devenir associée du cabinet il y a quinze ans », raconte-t-elle. Un parcours qui n'a désormais rien d'inhabituel pour une femme dans l'expertise comptable.*
>
> *« À mon niveau, cette différence [entre hommes et femmes] est moins palpable car nous sommes bien intégrées. Dans mon cabinet, il y a deux femmes sur seize associés. »*

Toute la contradiction de la profession résumée en une phrase : rien n'empêche plus les femmes de réussir dans l'expertise comptable mais la profession demeure résolument masculine.

■ Un secteur féminisé

Le caractère essentiellement masculin de l'exercice de l'expertise comptable et de CAC détonne dans le secteur de la compta-gestion. Les femmes y sont en fait majoritaires. Plus on descend dans l'échelle salariale, plus ce constat est vrai.

- ***Sept collaborateurs sur dix sont des collaboratrices***

Si l'on prend l'ensemble des collaborateurs en cabinet, soit 130 000 personnes, le taux de féminisation atteint quasiment 70 %, avec une tendance à la hausse. Moins le poste requiert de diplômes, plus les femmes sont présentes en nombre. On ne compte quasiment que des secrétaires et assistantes, par exemple, leurs homologues masculins sont une denrée rare.

Dans les entreprises, on recense 85 % de femmes sur un total de 334 000 employés comptables, selon l'Observatoire des inégalités qui évoque « une répartition déséquilibrée des professions entre les hommes et les femmes ». Quel que soit le niveau d'études, les diplômées plébiscitent les entreprises. Ce qui ne veut pas dire qu'une progression en cabinet devient impossible. Lucile Amiot, 23 ans, a débuté par une préparation au DCG (bac+3) en lycée. Pleine de détermination, elle vise désormais l'entrée dans l'OEC.

> *L'étudiante raconte : « Je suis assistante comptable chez Hans & Associés à Belfort. Mes missions consistent à la mise à jour de dossiers (saisie sur logiciel comptable de factures par exemple), à l'établissement de déclarations fiscales telles que la TVA et à la préparation aux bilans. »*
>
> *Un premier niveau de compétences où il est rare de trouver des hommes, aux dires des professionnels.*

- ***Des salaires inégaux***

En revanche, plus on monte dans la hiérarchie, comme Lucile, plus les écarts de salaires sont larges. Si l'on compile les différentes enquêtes, la variation, est de deux points chez les assistants comptables, le poste de base en cabinet. Il ou elle va donc gagner entre 22 000 et 28 000 € sur une année (1 900-2 300 € mensuellement). L'écart va s'accentuer à six points au niveau des experts-comptables stagiaires

(6 %) qui gagnent majoritairement entre 26 000 et 30 000 € brut par an (2 200-2 500 €).

Au niveau expert-comptable, on peut parler d'inégalité marquée : 30 points de différence. Une experte-comptable installée aura un salaire annuel moyen de 60 000 à 90 000 € brut quand son homologue masculin gagnera de 70 000 à 120 000 €.

Sandrine Fleury, associée chez RBA, demeure optimiste : « Cela a tout de même tendance à s'atténuer, avec des femmes nouvellement diplômées qui arrivent en nombre. Dans notre cabinet, qui est un peu atypique, il est vrai, nous avons par exemple une égalité de rémunération totale. »

Le temps fait doucement son œuvre.

5 – Quelles sont les évolutions possibles ?

Bien qu'à géométrie variable, l'insertion sur le marché du travail s'affirme comme une des forces de la compta-gestion. L'évolution au sein des cabinets demeure quant à elle très balisée. Cette expérience permet ensuite de toucher à des postes plus variés en entreprise.

■ Un parcours balisé en cabinet

Le cursus pour devenir expert-comptable est bordé par le duo théorique DCG-DSCG suivi du stage pratique, sanctionné par le DEC. Même constat à l'intérieur des cabinets, où l'évolution se déploie sur des paliers successifs, du poste de junior à celui d'associé, une progressivité imprimée par les *Big Four*.

• ***Junior, le petit nouveau***

D'abord, soyons clairs sur les termes. La domination des quatre grands cabinets anglo-saxons sur le marché de l'audit mondial comme hexagonal - Deloitte, PwC, EY et KPMG, rappelons-le - a entraîné une anglicisation des noms des postes. Mais cette dénomination cohabite toujours avec leurs équivalents en français.

Dans un cabinet, on débute traditionnellement au niveau d'assistant comptable ou d'auditeur assistant, autrement dit junior dans un cabinet des *Big Four*. Sous l'autorité d'un associé du cabinet, vous êtes en charge du suivi comptable d'une vingtaine d'entreprises, des « dossiers » (votre supérieur est un expert-comptable), ou bien vous intégrez une équipe pour mener à bien des missions de contrôle (votre chef est alors un commissaire aux comptes).

La rigueur est bien sûr de mise ainsi que la capacité à travailler en équipe et à communiquer. Plus on monte en taille de cabinets, plus la pression monte également.

> *« Dans un gros cabinet, les premières années on se fait "massacrer" car on travaille non-stop, témoigne sans ambages Marylise Ahiboh, 23 ans. Mais au niveau de l'apprentissage, il n'y a pas plus efficace. C'est idéal, car on acquiert énormément de maîtrise des outils informatiques. Donc il y en a beaucoup qui ont en tête de faire les premières années en cabinet pour avoir ce côté très formateur. » Quelle que soit la taille du cabinet, le « nouveau » travaillera avec un panel varié d'entreprises et de professions : il n'est pas encore spécialisé.*

En théorie, ces postes sont accessibles avec un BTS ou un BUT (bac+2) dans un petit cabinet. Mais le minimum requis tend à devenir le DCG (bac+3). Dans les grandes structures, on exige le DSCG (bac+5) ou un Master 2 (en finance ou gestion) d'un IAE ou d'une ESC.

- ***Senior, le début ou la fin de l'aventure***

Au bout de trois ou quatre années, le junior ou assistant comptable aura acquis suffisamment d'expérience pour devenir senior ou assistant confirmé. Son portefeuille de clients devient plus important en expertise comptable (en qualité ou en quantité).

> *« C'est souvent le moment où on devient le référent "historique" sur un dossier et où on se spécialise dans un domaine », raconte Louise Aubrée, qui travaillait chez EY sur le secteur de l'énergie, une seule entreprise occupant alors les trois quarts de son temps.*

Un passage obligé pour faire ses preuves tout en poursuivant sa formation de terrain. La capacité à travailler en autonomie devient primordiale, celle à encaisser et gérer le stress aussi.

C'est à ce moment précis que beaucoup de jeunes professionnels bifurquent vers le monde de l'entreprise, plus tranquille.

> *« On ne va pas se mentir, la voie classique, c'est de faire deux ou trois ans en cabinet et de chercher ensuite un poste de responsable comptable ou de directeur financier en entreprise, c'est une possibilité qui peut séduire rapidement », acquiesce Pierre-Camille Morognier, expert-comptable et commissaire aux comptes. À moins de persévérer, dans le même cabinet ou un autre, pour prendre du galon.*

Ne nous mentons pas toutefois, on ne devient pas DAF[17] en trois années de cabinet.

17. DAF : Directeur administratif et financier

• ***Manager, du terrain à la prospection***

Le manager a la responsabilité directe d'un certain nombre de dossiers (entreprises), il maîtrise les activités ou le secteur auxquels les sociétés appartiennent. On peut parler d'une véritable spécialisation. Aux compétences techniques approfondies s'ajoute la gestion d'une équipe au quotidien. Ce qui éloigne aussi le professionnel du terrain. Un avantage comme un inconvénient pour l'experte-comptable Agnès Bricard :

> *« Dans les grands cabinets, les avantages, ce sont plutôt l'organisation et la planification. Mais en même temps cela tue un tant soit peu la créativité et le dynamisme de jeunes énergiques. »*

Cette promotion intervient en général au bout de six à huit ans dans un cabinet, avec en corollaire une compétition interne qui s'accentue.

> *« C'est un système pyramidal qui se rétrécit très vite. Si on a 100 juniors en bas, dans les "fondations", on a deux associés en haut, sur la "pointe", expose Makram Chemangui, qui a travaillé plus de dix ans dans l'expertise et l'audit. Plus on passe de temps en cabinet, plus l'évolution devient difficile. Le fonctionnement est très vertical et ce n'est pas près de changer. »*

À ce niveau hiérarchique, la pression devient forte. En effet, le rôle du manager suppose aussi de démarcher des clients potentiels et d'en « gagner » sur les cabinets concurrents. Reste ensuite une marche à gravir dans un cabinet, qui mène au grade d'associé, le haut de la pyramide. À condition d'être patient.

• ***Associé, le Soviet suprême***

Pour devenir associé d'un cabinet d'audit et/ou d'expertise comptable il faut en général attendre une dizaine d'années. L'accumulation d'expériences est indispensable, tout comme l'obtention préalable du DEC (bac+8)[18], ce dernier permettant de s'inscrire à l'Ordre (OEC), pour l'expertise comptable, ou à la Compagnie (CNCC), pour le CAC. Magalie Giroire, 37 ans, experte-comptable associée chez In Extenso, détaille ses responsabilités.

« Quand on est associé, on est un chef d'entreprise, donc on a un rôle un peu différent. En plus de clients, on doit manager une structure : points avec l'équipe, répartition du travail ainsi que beaucoup de prospection... On gère aussi le quotidien de l'agence (les investissements, le matériel, la RH) et au niveau du groupe [In Extenso] ou de l'ordre, vous vous investissez sur les orientations stratégiques, les évolutions de la profession... Il y a des journées où l'on est avec les clients, mais d'autres pas du tout. Plus on monte dans les échelons, plus le travail de terrain devient rare et plus vos responsabilités deviennent transversales. »

C'est particulièrement vrai dans les grands cabinets où l'on parle d'un associé/*business advisor*, recouvrant un rôle de conseil stratégique pour l'entreprise. Un rôle de supervision en matière de prospection, mais aussi de décision dans l'application des principes comptables, bien loin de la gestion de dossiers au jour le jour. Cela demeure cependant une question de choix de carrière et de taille de cabinet. Rien n'est automatique et rien n'est forcé.

« On peut commencer petit, puis réussir et ensuite choisir de développer ou non son cabinet, détaille Agnès Bricard, qui dirige un "petit" cabinet : Bricard, Lacroix et Associés. J'ai vu beaucoup de confrères partir de leur niche, dans un secteur

18. Le DEC n'est plus légalement obligatoire pour s'associer dans une structure avec d'autres personnes elles diplômées. Toutefois, à part dans les groupes de taille importante, l'association est conditionnée à l'obtention de ce dernier.

économique, pour ensuite élargir leurs activités, leur clientèle. Cela évite d'être dépendant d'un unique gros client qui peut faire faillite ou d'un secteur qui peut péricliter. »

Le nombre d'échelons, le rôle de chacun et la concurrence interne varieront fortement en fonction de la taille de la structure.

Pour Pierre-Camille Morognier, « c'est un métier où normalement on ne s'ennuie jamais. Si c'est le cas, on est en train d'être placardisé dans son cabinet ou on s'est trompé de voie ». D'où l'utilité de s'intéresser aux perspectives de carrière dans les entreprises.

L'éclectisme en entreprise

Comme partout, plus l'entreprise grandit, plus elle se hiérarchise avec des échelons et des ramifications en nombre. De quoi abriter une belle diversité de métiers en comptabilité et gestion.

- ***De l'assistant au chef comptable***

Comme en cabinet, un jeune diplômé va généralement entrer au poste d'assistant comptable au sein du service comptable d'une grande entreprise ou en soutien du comptable en chef d'une PME. Il effectue les missions de base de la comptabilité : tenue des livres d'achat et de vente, saisie et contrôle des factures ou des notes de frais, rapprochement bancaire (vérification des comptes par rapport aux relevés de la banque). L'autonomie étant faible, c'est sa capacité à exécuter ces tâches avec précision qui prime.

Plus qu'en cabinet encore, ces métiers sont accessibles avec un diplôme de niveau bac+2 (BTS ou BUT), même si le bac+3 tend à devenir le minimum requis. Au bout de trois à cinq ans, le nouvel entrant pourra devenir responsable d'un service spécifique : fournisseurs, clients, comptabilité générale. Dans une entreprise plus petite, il pourra prétendre à un poste de chef comptable. Analyser des chiffres de l'entreprise, écrire des bilans et synthèses, les responsabilités s'étendent. En prise directe avec le chef d'entreprise ou le directeur financier, le chef comptable l'aide à prendre des décisions qui influent sur le devenir de la société.

• ***Le directeur financier, d'autres responsabilités***

Un rôle stratégique qui incombe pleinement au directeur administratif et financier (ou DAF pour les intimes), que l'on trouve dès les PME de bonne taille. C'est lui qui supervise toute la gestion financière de l'entreprise dans son ensemble, dont les services comptable et financier. Le DAF va conseiller la direction sur les projets d'investissement, de la prise de participation dans une autre entreprise à la fusion avec celle-ci.

Ses qualités de communicant et de négociateur ne doivent pas être négligées car il est le principal interlocuteur de la société avec les tiers financeurs, les établissements bancaires voire les actionnaires. Ce poste nécessite au moins un bac+5 (DSCG) plus une expérience minimum de cinq ans, voire bien plus, pour rejoindre un grand groupe. Il est courant qu'un expert-comptable assigné au suivi d'une entreprise pendant des années soit embauché à ce poste.

• ***Le contrôleur de gestion***

Contrôleur de gestion, poste accessible généralement avec un bac+5, voilà un autre métier envisageable après une période en cabinet. Son intitulé s'avère plus sévère que son rôle. Il surveille en permanence les différentes activités d'une société, qui doivent coller aux prévisions. Quand la machine se grippe, c'est lui qui préconise des solutions pour mettre de l'huile dans les rouages. C'est-à-dire améliorer l'utilisation des moyens financiers. Si l'entreprise est plus petite et/ou familiale, sa liberté est plus grande.

« Mon quotidien, c'est d'ajuster la compta en suivant la gestion de l'entreprise au plus près, pour être sûr que les comptes reflètent au mieux l'activité. À moyen et long termes, il s'agit de mettre en place des outils et des processus pour fiabiliser l'information et sécuriser les procédures. »

- **Risk manager, *auditeur interne, « consolideur »***

D'autres postes, nouvellement apparus, deviennent essentiels dans le fonctionnement d'une entreprise. Le *risk manager* (« gestionnaire de risques ») anticipe avant tout les risques. Il identifie et qualifie les dangers que peut générer l'activité de son entreprise sur les plans stratégique et financier. En toute logique, ce métier s'est d'abord développé dans les activités industrielles à hauts risques – chimie, pétrole, spatial, poudres et explosifs. On le retrouve désormais partout avec un millier d'emplois haut placés en France.

Une solide expérience universitaire et professionnelle est nécessaire. Certains établissements développent même des formations spécifiques de troisième cycle : IMR (Institut du management des risques) à Bordeaux, master à la faculté des sciences de Nantes (Loire-Atlantique), ou MBA (master of business administration) à l'université Paris Dauphine-PSL.

L'auditeur interne traque, lui aussi, les risques, mais dans le fonctionnement interne, service par service, avec précision. D'où ce surnom « d'œil de Moscou de la direction » souvent attribué par les salariés. Le métier nécessite donc de vrais talents de diplomate ainsi qu'une bonne capacité d'analyse et d'esprit critique. Distinguer auditeur interne et contrôleur de gestion n'est pas toujours aisé : le premier contrôle le fonctionnement interne de l'entreprise quand le second se consacre à l'amélioration des outils de pilotage.

Enfin le « consolideur », apparu avec l'internationalisation de la vie des entreprises et des normes comptables (les IFRS, qui s'appliquent aux sociétés cotées). Sa mission ? Homogénéiser le bilan financier du groupe en récupérant les bilans comptables en provenance des filiales présentes dans différents pays. Ce qui induit du conseil et de l'anticipation dans le cadre d'acquisitions, fusions ou entrées sur de nouveaux marchés. Hiérarchiquement rattaché au directeur financier, son rôle éminemment technique génère un stress important. La consolidation est parfois gérée en extérieur par un cabinet d'expertise comptable. Un poste accessible avec au moins cinq ans d'expérience ainsi qu'*a minima* le DSCG (équivalent bac+5).

■ Une reconversion aisée

Que ce soit en cabinet ou en entreprise, les métiers de la comptabilité permettent d'emmagasiner des connaissances macroéconomiques précieuses. Utiles pour un jour changer de métier.

- ***Un choix courant***

> *« Il n'y a aucun problème à effectuer une reconversion professionnelle », rassure d'entrée Christiane Föll, qui supervise le master CCA à Paris 1 Panthéon-Sorbonne.*
>
> *Dans le cas de la comptabilité et de l'expertise comptable, on peut même parler de métiers propices à la reconversion. Même si, bien sûr, cela n'implique pas les mêmes changements avec trois ou trente ans d'expérience (salaire, statut, mobilité).*

Ce phénomène de reconversion professionnelle touche l'ensemble du monde du travail : plus de la moitié des actifs ont déjà changé de métier au cours de leur carrière (Ipsos) principalement à l'occasion d'une rupture de contrat. Dans la moitié des cas, un choix volontaire, plutôt prisé par les jeunes. Statistiquement, la famille comptable se classe comme « à forte mobilité »... mais surtout en son sein, selon le COE (Conseil d'orientation pour l'emploi), organisme gouvernemental.

Sur une période de cinq ans, plus d'un quart des techniciens de services comptables et financiers changent de domaine d'activité et 18 % optent pour un autre métier en restant dans la finance-comptabilité. Chez les employés de la comptabilité, 13 % changent de profession, mais pas de branche et 12 % de métier et de branche. Et pourquoi ne pas créer son entreprise ?

• ***La création d'entreprise, classique***

Les professionnels interrogés s'accordent sur un point : la reconversion classique chez les comptables et experts-comptables, c'est l'entrepreneuriat. « Je rencontre beaucoup de comptables qui prennent des cours supplémentaires pour monter une microentreprise ou aider un conjoint à la faire », témoigne Johnny Schwertzig. Ce qu'entérine Florian, senior manager chez EY :

> *« Dans mon cabinet, quelqu'un a tout quitté pour monter une chocolaterie. On peut faire beaucoup de choses après l'expertise ou l'audit ! »*

Les professionnels du chiffre se situent au cœur des rouages d'entreprises, souvent très diverses. Cette expérience précieuse concerne parfois directement la création d'activité – après tout, ouvrir un cabinet y est apparenté.

6 – Comment devenir comptable dans le secteur public ?

Le secteur public est fréquemment oublié quand on évoque les métiers du chiffre. Après tout, l'auditeur et l'expert-comptable exercent tous deux dans le secteur privé, auréolés de leur prestige. Pourtant, le comptable public existe et recouvre des professions variées. Une autre idée de reconversion ?

■ De l'université à la DGFiP (Direction générale des finances publiques)

L'amorce habituelle pour devenir comptable dans le secteur public reste l'université, jusqu'au niveau bac+3. Une faculté des sciences économiques apparaît comme un choix logique, mais pas indispensable. Certains étudiants suivent dans un premier temps des études de droit ou encore de langues ou de mathématiques.

- ***Passer le concours***

Le concours d'inspecteur des finances publiques, c'est-à-dire fonctionnaire de catégorie A, s'ouvre aux titulaires d'une licence, citoyens de nationalité française ou ressortissants de l'Union européenne. Cinq examens se côtoient : deux écrits et trois oraux. Les coefficients varient de 1 à 7 avec l'épreuve la plus redoutée, « rédaction d'une note de synthèse à partir d'un dossier relatif aux questions économiques et financières ». Vient ensuite l'oral « destiné à apprécier les motivations du candidat » (coefficient 6).

Comme pour tout concours d'accès à la fonction publique, le taux de réussite demeure très faible. En 2022, ce sont 6 600 personnes qui se sont inscrites à celui d'inspecteur des finances publiques, 4 100 candidats se sont présentés aux épreuves le jour J pour 853 reçus finalement.

Précisons que l'accès à des postes subalternes de la comptabilité - secrétaire administratif de catégorie B ou adjoint administratif C - s'effectue par des concours de l'administration générale.

- ***Classes préparatoires intégrées***

Une vingtaine de CPI (classes préparatoires intégrées) préparent le concours d'inspecteur des finances publiques. On en trouve notamment à Metz, Lyon, Lille ou encore Bastia, accessibles aux étudiants d'origine modeste, sur dossier puis entretien. Les frais d'études sont pris en charge et la préparation s'opère par le biais de cours intensifs en petits groupes. De quoi mettre toutes les chances de son côté.

Une fois reçu, vous intégrez l'école de la DGFiP, sur les sites de Noisiel, Clermont-Ferrand ou Toulouse.

> *« Ceux qui obtiennent le concours ont des profils variés, voire des parcours atypiques, même s'ils viennent quasiment tous de l'université. La formation est donc conçue pour remettre tout le monde à niveau », commente Thierry Pestena, passé par là il y a vingt-cinq ans.*

La formation rémunérée dure dix-huit mois. Elle inclut douze mois sur les bancs de l'école avec des périodes de découverte des services, plus six mois de stage pratique dans votre première direction d'affectation. Vous pouvez alors postuler pour devenir agent comptable.

Un rôle primordial dans le public

Le comptable public exerce partout où l'État ou les collectivités existent. La législation évoluant, son rôle gagne en importance, incluant une responsabilité personnelle. Sa carrière demeure extrêmement balisée.

- ***Responsabilité personnelle et pécuniaire***

Historiquement, le comptable public contrôle la régularité des opérations de dépenses et de recettes ainsi que le maniement des fonds publics. « Il tient la caisse », ce qui requiert organisation et précision. Depuis la LOLF (loi organique relative aux lois de finances) de 2001, son rôle technique est devenu aussi « moral », puisqu'il doit veiller « à la sincérité des enregistrements comptables et à la bonne application des procédures ».

Ce qui implique une responsabilité personnelle et pécuniaire des opérations financières.

> *« Nous avons une assurance spécifique qui peut couvrir en cas de pertes, indique Thierry Pestena, directeur des services comptables de l'université de Bordeaux. Chaque année, nous devons d'ailleurs dresser un bilan à transmettre à la Cour des comptes ou à la Chambre régionale des comptes qui donne son quitus ou déclare qu'il n'est pas régulier. »*
>
> *L'éthique professionnelle n'a donc rien de facultatif.*

Comme dans le secteur privé, le métier tend désormais vers le conseil, dont il emprunte les termes. Conseiller une direction d'hôpital pour le développement de son activité, l'optimisation d'un processus de commande ou encore contre le risque cyber. Ou bien encore indiquer à un service d'université comment générer des ressources nouvelles ou faire des économies dans un service. Thierry Pestena, *cost-killer* de l'Université de Bordeaux, prend un exemple : « Pour les Post-it, si l'on en achète d'une seule couleur, jaune, c'est bien moins cher que si l'on en commande de toutes les couleurs. Pour la même quantité, on a ainsi économisé 5 000 ou 6 000 € par an. »

- ***Des lieux variés, une carrière balisée***

Le comptable public de l'État se retrouve ainsi partout ou presque. On en recense de 10 000 à 15 000, si l'on se fie aux indications de l'Association des conseillers et comptables publics (ACCP). Il peut être directeur financier de la communauté de communes à Conflent Canigó (Pyrénées-Orientales), chef du service de la commande publique du Muséum national d'histoire naturelle de Paris, ou cadre au sein de la DGFiP. D'ailleurs, celle-ci le « détache » quand il n'y travaille pas physiquement. Les agents comptables bénéficient d'une véritable mobilité au cours de leur carrière. Une affectation s'étalant sur cinq ans maximum, renouvelable une fois. En théorie, les fonctions exercées dans le même établissement ne peuvent excéder dix ans, mais des dérogations existent. Les salaires dépendent de la grille de rémunération de la fonction publique d'un fonctionnaire de catégorie A. Un diplômé de l'École nationale des finances publiques débute avec un minimum de 36 000 € brut par an (3 000 € brut par mois). Pour les fonctionnaires de catégories B et C, diplômés des concours de l'administration générale, les salaires de base varient de 18 000 à 19 500 €.

Imprimé en France par CPI Firmin-Didot
en octobre 2022
N° d'impression : 171819
ISBN : 978-2-38015-541-9
Dépôt légal : novembre 2022